ゆっくり変わる

鈴木秀子

アスコム

ボクは歩くのが遅い。
いつものろのろ歩いている。
のろまなやつだとからかわれる。
もっと急げと怒られる。

セカセカ早歩きのアリ君や
ぴょんぴょん跳べるバッタ君が
うらやましいと思ったこともある。
堂々と歩くカブトムシ君なんて、
まぶしいくらいに憧れる。

だけど最近、
それでもいいじゃないかと
思うようになってきた。
ゆっくり歩くこと。
ボクにはこれがあっているんじゃないか。

ゆっくり歩けば、まわりがよくみえる。
小さなことにもすぐに気づける。
歩くことに疲れたら、
途中でのんびり休むこともできる。

なによりも、
ゆっくり歩くのは、とてもボクらしくて、
これが自分にあっていると感じるように
なってきたんだ。

だから、ボクはゆっくり歩く。
ゆっくりと、ゆっくりと。
1ミリ1ミリ、前に進むんだ。

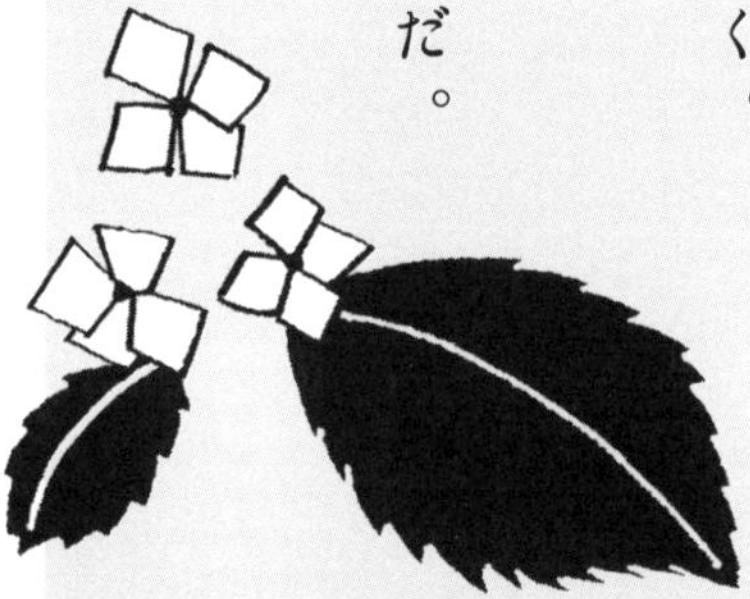

はじめに

「今のままじゃあダメだ、もっと努力しなさい」

「頑張ればきっといいことがあるよ」

こんなことを言われたりしませんか。学校でも職場でも言われ続けて、あなたは「変わらなければいけない」と思い込んではいませんか。

毎日努力して頑張って、自分を大きく見せて、まるですごい人であるかのように振る舞っている。そうしないとダメだと、ずっと言われてきたから……。


でも、よく考えてみてください。

みえを張って格好をつけても、あなた自身はそれがウソだと知っているはずです。無理に無理を重ねて完璧な人のふりをしても、あなた自身は変わっていません。

きっとあなたは気づいているはずです。やっぱりあなたは、あなたのままなんだ、と。

「聖なるあきらめ」という言葉があります。

「あきらめる」という言葉は、２つの異なる意味を持っています。

ひとつは「諦める」です。「投げ出す」「執着しない」という意味です。

そして、もうひとつは「明らめる」と書きます。仏教の言葉で「物事を明らかにする」「真理に達する」「つまびらかにする」という意味を持ちます。

「聖なるあきらめ」の第一歩は、現状を把握するための「明らめる」ことから始まります。


自分とは何か。まずそこから始めましょう。

あなたは、あなた自身であると「明らかに」してください。どこまでいってもあなたはあなたなんです。無理をして、自分を大きく見せる必要も、今の自分を否定する必要もないのです。

「あなたはあなたのままでいていい」ということなのです。


そうはいっても、人には向上心があります。どうしても、もっと頑張らなければばと思ってしまう気持ちを持っています。

今のあなたを一度十分に認めた上で、さらに幸せになりたいと願うならば、ゆっくり変わっていきませんか。

カタツムリの歩みのように、1ミリ1ミリ、ゆっくりと――。

ちょっとずつ積み重ねていくこと。どんなに小さな歩みでもいい。大切なのは、続けることなんです。

いっぺんに変わろうとすると、必ず反動があります。みなさんにも経験があるのではないでしょうか。毎日やるぞ、と計画表を作っていき込んでも、結局、最初の3日だけ。三日坊主で終わってしまったことが。

周りを見ると、みんながすごそうに見えてしまうものです。うらやましく見えたりするかもしれません。でも、そこで焦っても仕方ありません。だって、急に変わるわけではないのですから。

それに、周りの人が本当にすごいのかもわかりません。あなたの焦る気持ちがそう思わせてしまっているのかもしれません。

私は90歳を超えましてから、体力が衰え、行動半径も小さくなっているのを実感しています。

今まで当たり前と思い込んでいたことが、昔のようには動かないんだと自覚して、少しずつでいいから今の自分の体に適応しようとしています。

あなたは今、40代くらいでしょうか。もっとお若いかもしれませんね。もう少し私に近い年齢かもしれません。どんなご状況でしょう。何を抱えていますか。何を変えたいのでしょうか。

どんなふうだとしても、焦る必要はありません。

少しずつ、ゆっくり、変わっていけばいいのです。

長く生きてきてわかったのは、少しずつ変わるのが、いちばん効果があるということです。ゆっくり変わるほうが身につくし、後戻りもありません。

ゆっくりしたペースの中で、いつの間にか変わっていたと自覚できれば、それがいちばんいいのです。

まずは、今のあなたのことを大切にしてください。現在の状態を受け入れて、その中でいちばんいいかたちで生きていければ、必ず最善の道がひらけます。

ゆっくり変わることで、新しく見えてくるものもあります。私の場合は、人の親切さとか、人との絆の大切さ。

今まで当たり前だと見過ごしてきたことが、まったく当たり前じゃなくて、本当にありがたいことだと感じられるようになりました。

でも、一方で、今まで通りにそれを当たり前だと受け入れる習慣を急に変えることはできません。感謝の気持ちが伝わるように人と接したいと思いながらも、なかなか変わらない自分がいます。

大きなことばかりではありません。ご飯をゆっくり噛むとか、そんな小さな習慣ですら、そうしたほうがいいとわかっているのに、すんなりと変えられません。

自分を変えるとは、そのようなもの。長い人生を生きてきた私も相変わらずそうなのです。

だから、変えたくても変えられないご自分を責めないでください。今の自分を未来の自分よりもダメなものとして扱わないでください。

あなたがあなたのままま、ほんの少し行動や心の持ち方を変えようとすれば、着実に幸せのほうから近づいてきてくれます。

そうです、ゆっくり変わっていけばいいのです。カタツムリのように、1ミリ1ミリの歩みのように。

この本は『あなたは、あなたのままでいてください。』というタイトルで2013年に出版されました。以来ずっと、多くの方々に読み継がれてきています。

その陰には、相変わらず〝向上心〟に責め立てられ、自分を追い詰めて、かえって心配ごとを増やしている人が多くいるのも、また事実です。

自分を幸せにするはずの向上心や変化への憧れが、今ある幸せを見えなくしてしまっているのではないでしょうか。

この本がそのような人たちのお役に立てばと思い、装いを新たにして再刊することにしました。今ある幸せをかみしめながら、望む方向にゆっくり確実に進む道があることを知ってほしいと思います。

私の本を読んだ、ある若い読者からいただいたお手紙の話をします。

「本に書いてあることは、きれいごとにすぎない。私には何の役にも立たない。しばらくはそう思っていました。でもあるとき、つらいことに押しつぶされそうになり、もがきながら本を開きました。すると私の心はどんどん元気になり、小さいことを実行し始めたのです。おかげで、今日も明るく生きていられます」

この本に書かれていることは、私が生きてきた長い年月を通じて実感した、小さいことのつながりです。

あなたにとって役に立つことだけでも、実行に移してみてください。きっと、幸せになれるでしょうから。

鈴木 秀子

＊章と節が明記されている聖書の出典元は『小型聖書 - 新共同訳』（日本聖書協会）です。

ゆっくり変わる

もくじ

第3章

変わる方向を間違えないために、本当の望みを見極める

第4章

悩み多き人間関係を変える、たった1ミリの工夫

第1章

優秀でなくていい。強くなくていい。あなたらしくあればいい

あなたは、あなたのままでいればいい

あなたは、今の自分を「変えたい」「変えなくてはいけない」と思って、この本を手にしてくれたのかもしれません。もっと立派な人になりたい、魅力的な人になりたい、ひいては多くの人に愛される人柄を手に入れたい……。

そんな思いに駆られているうちは、あなたの心は満たされないでしょう。「今の自分自身であってはいけない」という思い込みほど、あなたを苦しめることはないからです。あなたは、あなたであるから、いいのです。今のままでいいのです。

自分自身を責めたり、現状に満足できない人がなんと多いことでしょうか。そんな〝向上心〟は、ときにあなたを疲れさせ、追い詰めてしまうことさえあります。

あなたは、今のままでいてください。なぜなら、世界とはさまざまな人が集まってつくり上げているものだからです。

人は誰しも違いがあるから、世界が多様で、豊かになれるのです。あなたがあなたでなくなってしまったら、世の中も変わってしまうことでしょう。どうか、今のままのあなたをいとおしみ、尊重してあげてください。

そしてあなたの命は、地球上に一つしかない尊いものだと気づいてください。

意識しない深いところで、私たちは「自分が変わらなければいけない」と、真剣に思い込んでいるようです。幼い頃から「成長とは、今の自分ではなくなること」という感じを持ち続けたからでしょうか。

確かに、私たち人間は、死ぬまで変化し続けます。そういった意味では、季節ごとに風景が変わる自然と同じです。とはいえ、自然の風景は冬の次に春が来て、夏、秋と続きますが、自然の本質や秩序は変わりません。同様に考えれば、人間も年月とともに変化していきますが、その人の本質は変わらないのです。

では、変わらない本質とは何でしょうか。それは生まれながらに、その人に備わっている人間としての存在です。生命があること、神から愛されていること、かけがえのない存在であることなどです。あなたにはこの世に生きる使命が与えられていて、それを成し遂げる能力と個性が与えられているのです。

生きるということは、この一人ひとりに備わっている尊さを、よりよい行動を選び取りながら、日々活かし続けることです。

今の自分を否定してまで変わる必要なんてない。

この世に誕生したのは、ほかの誰にもできない使命があるから。
そんな自分の本質を認めてから、ゆっくり変われればいい。

今ある自分を受け入れれば、自然に変わる

アントニー・デ・メロというインド生まれの神父の『小鳥の歌』という本に、こんな話がありました。

神父は長い間、心配性でした。どんな出来事もマイナスの目でとらえ、自分のことしか考えられませんでした。

そこで、周りの人間は変わるように助言をしてくれたそうです。神父は自分でも変わりたいと願い、努力を重ねました。

しかし、そう簡単に変われるものではありません。やがて、助言してくれた人たちを恨めしく思うようになったのです。

中でも、親友の一人の「変わるべき」というアドバイスは、神父の心に響き続けていました。

もっともだと感じながらも、うまく変われないもどかしさもあり、彼を少し憎

むようになってしまったのです。しまいには、気力を失い、何もできなくなってしまいました。

ある日、もう一人の親友が何気なく言いました。

「変わってはいけない。君のままでいなさい。君が変わっても変わらなくても、どちらでもいい。私はありのままの君が好きだ。君が好きなんだよ」

「君が好きだ」という言葉で力を得て、神父は元気を取り戻しました。そして、不思議なことに、神父は変わったのです。

この話は、今ある自分を受け入れることの大切さを教えてくれます。あるがままの自分自身を好きになり、大切に思うことはとても大事なことなのです。

まず、あなた自身があなたを愛することです。

自分自身を愛して大切にできないあなたを、他人が大切にしてくれる、というのは少し考えにくいからです。

今のまま
ありのままの自分を愛する。

生きることは、今の自分自身を愛して、大切にすることから始まる。
今の自分自身さえ愛せないのに、未来の自分を愛せるわけがない。

１日１分、自分の「よいこと探し」を試みる

あなたは、あなた自身のよさに気づいていますか。自分の長所については、案外、無関心でいる人も多いのではないでしょうか。

アメリカの中学校での話です。

あるクラスの先生は、担任しているクラスに頭を悩ませていました。マークという生徒がいるのですが、彼がおしゃべりを始めるとクラス中が騒がしくなるのです。クラス全体の雰囲気も落ち着きません。

ある日先生は、生徒に１枚ずつ紙を配り、クラス全員の名前を書かせました。

「これは、みんなの観察力と、人を見抜くための『よいこと探し』です。クラスメイト１人につき、１分の時間配分で、その友だちのいいところや好きなところを書き出しましょう。深く考えず、簡単なひと言でもかまいません」

生徒たちはどんどん鉛筆を走らせ始めました。

「責任感がある」「明るい」「ペンを貸してくれたことがある」……。さまざまな言葉が出てきました。

先生はこの用紙を集めて、クラス中の生徒が書いた内容を、書かれた本人が読めるように集約して、一人ひとりに渡しました。

しかし、先生の予想に反して、生徒たちは喜びの声さえ上げませんでした。とはいえ、やがて教室はだんだんと穏やかになっていきました。みなが仲よくなっていったのです。先生は、あの紙のおかげかもしれないとぼんやり感じました。それから先生は、ほかの学校に赴任することになり、引っ越していきました。

20年近くが経ち、先生はあるとき、自分の故郷でもあったマークのいた町に戻ってきました。すると、出迎えに来た両親から「今日はマークの葬儀の日だ」と聞かされたのです。ベトナム戦争の真っただ中でした。先生は葬儀に参列し、昔の教え子たちに温かく迎えられました。そして翌日、マークの両親の家に集まりました。

そこで、先生はこんな事実を知らされます。マークが戦死したとき身につけていた財布の中に、1枚の紙切れが入っていたというのです。それは中学生のときの「よいこと探し」の紙でした。彼はこの紙を生涯大事にし、厳しい戦場をも共に過ごしたのでした。

すると、そこにいた青年たちがみな、ポケットや財布から、「よいこと探し」の紙を取り出し始めました。そこにいた全員が、あの紙を持ち続けていたのです。

「当時は、誰も喜びの声を上げなかったのに……」と先生はとても驚きました。

このように、どんな人にも光る魅力はあるものです。それを光らせるために命が与えられています。あなたも自分の素晴らしさを見つけてみてください。

たとえて言うと、人間という「宝石箱」の中には必ず宝石が入っているものです。その宝石をもっと好きになりましょう。それはこの世に一つしかない宝石です。どこにも売られておらず、誰かと同じことは決してありません。

それをさらに磨くことができるのは、あなたしかいないのです。誰かの宝石をうらやむことにはまったく意味がありません。あなたらしく輝かせましょう。

そして、自分の魅力に気づいたら、次はあなたの周りの人のよいところもどんどん探していきましょう。

人は誰しも、自分自身の素晴らしさにはなかなか気づいていないからです。しかも、その他人のよいこと探しを通じて、自分自身もさらに輝くことができます。

自分自身のよさに、早く気づいた人から幸せになることができる。

人は誰でも、自分自身の魅力に気づいていないもの。自分のよさや、周りの人のよさを、認め合えるようになることが、幸せへの第一歩。

欠けた部分にプラスがある。必ず役に立っている

「あの人はあんなに美人でうらやましい」「なぜ私には友だちが少ないんだろう」など、自分を他人と比べ、落ち込んでしまうことは、誰にでもある経験ではないでしょうか。

人間だから比べてしまうのはしょうがないところもありますが、その「程度」を知っておくことは大切です。

誰かのことを「うらやましい」と感じるのはありふれた心の動きです。そんな感情に気づいたら、「今、自分はあの人をうらやましいと感じた」と笑って流してください。

でもそれが、強い嫉妬や劣等感として、あなたの中でどんどんふくらんで、なかなか消えないとすれば、気をつけてください。「人のうらやましいところばかり見てしまう自分」を消していかないと、幸せは遠ざかっていくばかりです。

以前にこんなニュースを目にしたことがあります。「東京大学の大学院に通う若いカップルが自殺をした」という内容です。そこには「彼らは深い劣等感を抱いていたらしい」と書かれていました。

他人から見たら「優れている人」に見えても、劣等感からはなかなか逃れにくいのです。不思議なことですが、それが人間というものの性質です。

だから、幸せになるためには少しずつ訓練をしていく必要があります。劣等感や嫉妬などの感情は、できるだけ切り離していきたいものです。

インドにこんな話が伝わっています。

ある水汲みの男性が、1本の竿にぶら下げられた、水汲み用の2つの水瓶を使っていました。彼は、川から水を汲んで、遠く離れた高い丘の上にあるご主人様の家まで運ぶという仕事をしていました。しかし左の水瓶にはひび割れができており、運び終わったあとは必ず、量が半分に減ってしまっているのでした。もちろん、右の水瓶はいつも満杯のままです。

あるとき、これに気づいたひび入りの水瓶は、水汲みの男性に謝ります。

「ひび割れた私のせいで、あなたの努力が報われない。もう一つの水瓶とは違って、私は役立たずです」

男性は、毎日通る道を見ながら、ひび割れた水瓶にたずねます。

「見てごらん、道のどちら側に花が咲いているだろう?」

ひび入りの水瓶が通った左側にだけ、きれいな花が咲き誇っていました。ひび割れた水瓶は、そのときようやく、花の美しさに気づきました。そして、「役目を果たさないダメな水瓶」と思い込んでいた自分自身のことを、いとおしく感じたのです。

黙ってこの様子を見ていた右側の水瓶は、こう言いました。

「花を咲かせることができた君は素晴らしい。私は自分を『満杯の水を運ぶことができるから、完全だ』と思っていたけれど、実は『花を咲かせることができない』というひび割れを持っている」


この話は、人間にも当てはまります。どんなに完全に見える人でも、何かしらの「ひび割れ」を持っているのです。それをどのようにプラスにとらえるか、どのように役立てていくかが、生きるということなのです。

聖書には、こんな言葉があります。

「五羽の雀が二アサリオンで売られているではないか。だが、その一羽さえ、神がお忘れになるようなことはない。それどころか、あなたがたの髪の毛までも一本残らず数えられている。恐れるな。あなたがたは、たくさんの雀よりもはるかにまさっている」

（ルカによる福音書　12章6〜7節）

「神様は、あなたの髪の毛の数を把握しているほど、あなたをかけがえなく思っている」と説いた、有名な一節です。とても温かな気持ちになる文章です。「他人と比べている」と気づいたときには、ぜひこの一節を思い出してみてください。

こんな言葉もあります。

「彼らは仲間どうしで評価し合い、比較し合っていますが、愚かなことです」

（コリントの信徒への手紙二　10章12節）

聖書では、自分と他人を比べることは「愚かなこと」としています。聖書というのはなかなか「辛口な読み物」なんですね。嫉妬や劣等感に襲われたら、この言葉をぜひ思い出してみてください。あなたの心はきっと軽くなることでしょう。

自分は「かけがえのない存在」。
だから、他人と比べるのは無意味。

嫉妬や劣等感にさいなまれても、得るものは何もない。
幸せが遠ざかるばかりだから。

自分に無理をさせる生き方は選ばない

ここでは若さへの執着について、お話ししたいと思います。

近年「アンチエイジング」などと言って、何歳になっても「若く見える」ことにこだわり続ける女性が増えています。もし本人が、若く見えるようになることを楽しんでいるなら、いつまでも続ければいいでしょう。ですが、少しでも若さへの「執着」がある場合は、自分を苦しめる原因になっていることもあるのです。

人間はみな、年を重ねます。外見や体調に変化が出るのは当たり前です。つまり「何歳になってもキレイでいたい」「若いと思われたい」という思い込みは、言い換えれば「自然の流れに逆らっている」ということ。それは、あるがままの自分に無理をさせる生き方です。人にとっていちばん心が安らぐこととは「ここに、私が、あるがままでいていい」という状態だからです。

ですから腹をくくって、「飾らない自分を見せよう」。そういう生き方を選ぶことが、幸せになる近道です。
「美しいほうがいい」「若いほうがいい」という「他人や世間が勝手に決めた価値基準」に自分自身を押し込もうとするから、しんどくなるのです。

私の周りには、「年をとると人生の面白さがいっそうよくわかるようになってうれしい」という人がたくさんいます。そういう人はおしなべて、個性的なおしゃれを楽しんでいます。

年を重ねると、装いにしても、「他人にどう思われるか」という価値基準ではなく、自分に合った生活や、環境にかなった機能的なものを大切にできるようになります。

これは「自分を大切にする」ということと同じです。

そして、正しく「自分自身を大切にする」ことができる人は、他人のことをも大切にできるのです。

また、年をとると、体の無理もだんだんときかなくなります。誰しも健康には執着したくなるものです。

ですが、限界を感じながらもそれを受け入れていくことこそ「生きること」だということを、覚えていてください。年をとらない人はいないのですから。

年を重ねることについてマイナスの考えを持ってしまうのは、ひとつの「風潮」でしかありません。これは、頭の訓練次第でプラスの考えに変えることができます。「私は今のままで十分素敵」「年を重ねた人間としての価値がある」、そう思う練習をしましょう。

年をとると体力など失うものもありますが、まるでそれと引き換えのように喜びが得られるのも、人生の醍醐味です。たとえば、包容力に満ちた寛容な態度や、穏やかな温かい笑顔というものは、若い世代ではなかなか身につけにくいものです。

聖書にはこんな素敵な言葉があります。

「わたしたちは見えるものではなく、見えないものに目を注ぎます。見えるものは過ぎ去りますが、見えないものは永遠に存続するからです」

（コリントの信徒への手紙二　4章18節）

最後に、上智大学学長も務めたヘルマン・ホイヴェルス神父の晩年の詩『最上のわざ』を紹介します。年をとることでしかできない貴重な生き方が、ここには書いてあります。

『最上のわざ』
ヘルマン・ホイヴェルス

この世の最上のわざは何？
楽しい心で年をとり、
働きたいけれども休み、
しゃべりたいけれども黙り、
失望しそうなときに希望し、
従順に、平静に、おのれの十字架をになう。
若者が元気いっぱいで神の道を歩むのを見ても、ねたまず、
人のために働くよりも、謙虚に人の世話になり、

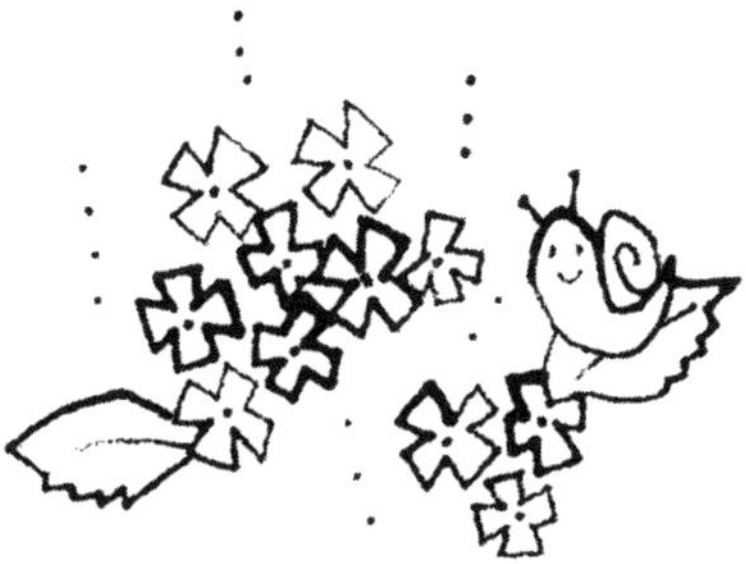

弱って、もはや人のために役立たずとも、親切で柔和であること。
老いの重荷は神の賜物。
古びた心に、これで最後のみがきをかける。まことのふるさとへ行くために。
おのれをこの世につなぐくさりを少しずつはずしていくのは、
真にえらい仕事。
こうして何もできなくなれば、それを謙虚に承諾するのだ。
神は最後にいちばんよい仕事を残してくださる。それは祈りだ。
手は何もできない。けれども最後まで合掌できる。
愛するすべての人のうえに、神の恵みを求めるために。
すべてをなし終えたら、臨終の床に神の声をきくだろう。
「来よ、わが友よ、われなんじを見捨てじ」と。

（出典：『人生の秋に―ホイヴェルス随想選集』ヘルマン・ホイヴェルス／春秋社）

心の美しさ、健やかさといった、見えないものを求める生き方をしたいものです。

「あるがままの私」を受け入れることが幸せへの第一歩。

年を重ねるにつれて、体は必ず変化する。
それを恐れず受け入れられるあなたでいよう。
「今のままの私でいてはいけない」という執着は、
あなたを確実に不幸にするから。

変えるのはあなたの態度。それだけで毎日が心地よくなる

ヴィクトール・E・フランクルという精神科医をご存じの方も多いと思います。第二次世界大戦時にナチスに捕らえられて強制収容所で過ごした体験をもとに、世界的な名作『夜と霧』を書いた人物です。

強制収容所という、死と隣り合わせの極限状態の中でも、彼は「ここで死ねない」と感じ続けました。

「どんな状況になっても、生きていることには意味がある。無駄な人生はない。ここアウシュヴィッツで殺されていった人たちの人生にはそれぞれ意味があり、この苦しみの中にも意味がある」

そう確信した彼は、ナチスに解放されたあと、この哲学を確立させて「実存分析」という学説を打ち立てました。

フランクルは、人には3つの価値を生み出す力がある、と説いています。

まず1つ目は「何かができる、何かを創り出す、行動をする」という価値。

2つ目は「何かを体験する、感動する、さまざまな感情を味わう」という価値。

3つ目は「自分の態度を変えることで、自分や周りを素晴らしいものに変化させる」という価値。

彼は、どんな日常も素晴らしいもので、価値があるという信念を持っていました。そして「どんな人生も、それぞれかけがえのない素晴らしいものである」と伝え続けました。


彼の講演会で、こんな質問が出たことがあります。

「フランクル先生は立派な精神科医で、多くの人を励ますメッセージを広めていらっしゃいます。だからあなたの人生には、生きる意味があるでしょう。ですが私は洋服屋です。私の人生に、さほど大きな意味はありません」

フランクルは答えました。

「あなたは洋服をつくることを通して、人々に喜びを与えています。新しい洋服に袖を通す喜びを、あなたは創造しているのですよ」

これは、1つ目の「何かを創り出す」という価値に当てはまります。

続いて、こんな質問も飛び出しました。

「私は元デザイナーです。ですが病気で手足が動かなくなり、廃業せざるをえません。私には、何かを創造する価値がなくなってしまったのです」

フランクルは答えます。

「人には『体験をする』という価値もあります。あなたは、手で何かをつくることはできなくなったかもしれませんが、いいものや美しいものを見極める力を持っています。ほかの人が創造したもののよさを感じたり、味わうことができるのですから」

これは、２つ目の「体験する」という価値に当てはまります。


またあるとき、フランクルはこんなことを語っています。

入院生活を送っているおばあさんがいました。毎日、病室で寝たきりです。ある朝、彼女は窓の外を歩く勤め人たちの姿に気づきます。その元気のない姿を見て、おばあさんはあることを思いついたのです。

それまで身だしなみも整えなかったおばあさんですが、翌日から髪をとかし、薄化粧をし、身なりを整えて車椅子で外へ出て、笑顔で勤め人たちに声をかけ始めたのです。

最初は誰もおばあさんに目をとめることはありませんでしたが、数日経つうちに、自分から彼女に挨拶をする人も出てくるようになりました。その数はどんどん増えて、おばあさんは最後まで幸せに生きることができました。

これは、３つ目の「自分の態度を変えることで、自分や周りを素晴らしいものに変化させる」という価値に当てはまります。

このように、どんな人にも、それぞれに生きる価値があります。

もちろん人生には浮き沈みというものがあり、状況が悪くなることもあるでしょう。ですが波のように曲線を描きながら、必ずよい方向へと進むようにできています。

だから、その途中で自暴自棄になったり、あきらめたり、悲観して投げ出したりしてはいけないのです。あなたの人生はかけがえのないものであり、大きな価値があるからです。

誰もが価値を生み出すことができる。だから、生きることには意味がある。

人はいつも、３つの価値を創り出しながら生きている。
どんなに苦しい人生も大きな意味を持っているし、
波のようによい方向へ進んでいく。

第2章

「聖なるあきらめ」を知れば、不安や怒りも味方になる

不幸が訪れたら、理由ではなく意味を探す

誰にでも不幸というものは訪れます。最悪の事態をずっと引きずり、マイナスの感情から抜け出せないという人は多いものです。

ですが、「その不幸は、あなたにとって必要だったから起こった」と考えるほうが建設的ではないでしょうか。なぜならば、どんなに理不尽に見える不幸にも、必ず意味があるからです。

不幸の渦中にいるときは、つらさでいっぱいで気づく余裕はないかもしれませんが、あとからきっと「あのときの不幸のおかげで、自分は成長できたのだ」と気づくことがあるはずです。

不幸の意味は、死の直前になってようやくわかることがあるともいいます。それほどスケールの大きな話なのです。

ですから、不幸にあったときは「不幸だ」と終わらせてしまってはもったいない。たとえすぐにはわからなくても「自分にとって、この不幸は意味がある」と信じることが大切です。

ある講演会でお話をしたあと、一人の女性が私の控え室を訪れてくれました。彼女は私にこう聞きました。

「私の娘は、17歳で自殺をしました。これにも何か意味があるのでしょうか」

彼女の娘さんは、不登校ののちに、飛び降り自殺をしたというのです。その講演会では「起こることには必ず意味がある」というテーマでお話をしたので、尋ねたくなったのでしょう。私は答えました。

「もちろんです。それはあなたへの贈り物ではないでしょうか。お嬢さんの死は、あなたが何かに気づくよう、働きかけてくれているものだと思います」

私の言葉を聞いて、彼女の表情は少しゆるみました。話をするうちに「自殺にどんな意味があったのか、時間がかかってもいいのでゆっくり探していこう」という思いが芽生えたようでした。

あとで聞いたことですが、娘さんの死について悩み続けるという最悪の事態に終止符を打ち、自分自身を活かすことこそ、ほかの人を活かすことだと気づいたそうです。今は、「亡き娘の大きな愛に支えられていることを感じている」と教えてくれました。

彼女は大きな苦しみを抱えたことにより、確かな愛の存在に気づくことができたのです。それは「最悪の事態から最高のものを学ぶ人生」といえるでしょう。

キリストはこんな言葉を聖書に残しています。

「悲しむ人々は、幸いである、その人たちは慰められる」

（マタイによる福音書　5章4節）

不幸から目をそらしたり、逃げたりするのではなく、積極的に「意味」を見いだしてみませんか。

不幸の感覚を大事に味わい、そしてその不幸をうまく乗り越えてほしいのです。

私はそれを「不幸の波乗り」と呼んでいます。そうすると、なんだか不幸もいとおしい経験に思えてくるのです。

人は誰しも、生まれてくる前に自分で「人生設計」を立てているそうです。「○歳のときの不幸をバネに奮起して、○歳のときの不幸でさらに心を磨き、○歳で人生を卒業していこう」という青写真を、生まれる前に持っているのです。

そして面白いことに、生まれた途端に青写真を忘れてしまう。でもその青写真通りに人生を歩むのだという説があります。

身内の死や、事業の失敗や、不慮の事故。あらゆる不幸はもともと設計図に書かれていたことと思えば、あきらめもつきます。

「なぜそんな設計図を書いてしまったのか」と自分を恨みたくもなりますが、その苦しみを乗り越えることで、人間は一回りも二回りも大きくなれるのです。

あらゆる不幸には意味がある。
死の直前にわかることもある。
だから、苦しみも味わい尽くす。

不幸な目にあったら、理由ではなく意味を探してみてください。
そして、不幸の感覚を大切に味わうことは、
あなたの人生にきっと深みを与えてくれます。

「どうでもいい」「どうあってもいい」そこから問題は解け始める

思うような結果が出せそうにないとき。あなたは「悔しい」と思うほうですか。「仕方がない」とあきらめるほうですか。

私は自分の目標が半分達成できていれば、それで十分と思うようにしています。むしろ「50％の力を出し切ることができて、ありがたい」と感謝をします。

これは私が年齢的に「無理がきかない」という理由も大きいかもしれません。ですが、長年生きてきて得た知恵でもあります。

できた部分については喜び、できなかったことについては謙虚に受け止め、能力を冷静に把握すること。私はこの態度を「聖なるあきらめ」と名づけています。「聖なるあきらめ」で大切なのは、ただ「あきらめる」のでなく、「自分の身の丈を知る」ということです。人は、完璧に何でもこなそうとしたり、能力以上のことに挑むとき、苦しくなったり無理が生じるものです。

私のモットー「5割できればいい」という考えに対して、「目標設定が低すぎる」「向上心がない」と批判的な見方もできるでしょう。

ですが「人間は完璧ではない」「自分の能力はそうそう高くはない」と、冷静に自分の力をつかんでおくことも、大事なことです。

もちろん、最初から目標を少し高めに設定して頑張ることにより、能力がアップしたり、技術が身についたりというケースもあるかもしれません。ですが、ずっと続けていると、いつか必ず疲れてしまいます。

「聖なるあきらめ」といえば、必ず思い出す話があります。

私が主宰するセミナーの参加者に、引きこもりの息子を持つ一人の母親がいました。息子は、小学校から登校拒否となり、家にこもってはゲームに熱中し、家族への暴力を始めたそうです。

母親は、息子の問題を解決しようと、占い師やカウンセラーなどさまざまなところに助けを求めて訪ね歩きつつ、10年間も過ごしてきました。

このセミナーでは、参加者同士で話を重ね、苦しみや体験を共有しています。

母親はその過程で、あるとき「もうあの子を立ち直らせようとは思うまい」と感じたといいます。

これこそ「聖なるあきらめ」というものです。

母親がいったん腹を決めると、すぐにその日に小さな変化が起こりました。夕食の席で、息子がこうつぶやいたのです。

「このカレー、おいしい」

長年まったく耳にしたことがなかった、息子のプラスの言葉でした。それから、息子は徐々に心を開き始め、ついに母親と共に近所を散歩したり、会話を楽しめるようになりました。


それから、母親は再びセミナーに出席してくれました。私はその会で、物理学者・寺田寅彦の「どうでもええ」という言葉を紹介しました。

「これは決して投げやりな言葉ではありません。どうあってもいい。こうあってもいいという意味の言葉です。与えられた現状を受け入れることこそ、問題解決につながるのです」

会のあと、母親は私のもとに現れ、こう話してくれました。

「私は今まで息子に『みなと同じように学校に行かなきゃダメ、働かなければダメ』と言い聞かせてきました。しかし、学校に行かなくても、健康でいてくれるなら、それだけでいいではないか。そう思うようになってから、うまくいくようになりました。今では『どうでもええ』という言葉に心から共感することができます」

翌日、なんとその息子が私の講和の会に一人で来てくれました。

「僕は中学も高校も行っていないので、フリースクールのようなところに通い、そこを出たら職業訓練を受けようと思っています」と話してくれました。母親のプラスの波動は、確実に息子に伝わっていたのです。「聖なるあきらめ」が、事態を大きく好転させてくれたのでしょう。

高望みをしたり、先のことを思いわずらって不安になったりするのではなく、今の恵みに感謝しながら生きていくと腹を決めること。それが「聖なるあきらめ」なのです。

限界を感じたら、落ち込むのではなく「聖なるあきらめ」という言葉を思い出そう。

目標の5割も達成できれば、感謝しよう。
「私はもっとできる」「完璧にしたい」と願い続けることが、
あなたを苦しめるから。

不安は無意味。やることをやって、天に任せる

人間は生きている限り、繰り返し「不安」を抱えてしまう生き物です。ここでは、不安の乗り越え方についてお話しします。

昔から、多くの偉人が「不安」というものについて考えてきました。デンマークの思想家・キルケゴールは『不安の概念』という本を書きました。「精神分析」で知られるオーストリアの精神科医・フロイトも、不安について多くの考察を残しています。

それほど不安は人間と切り離せないものなのです。

たとえば、大事な取引先をひょんなことから怒らせてしまい「契約が解消されはしまいか」と心配で、一睡もできなかった……などという経験はありませんか。それはとても苦しい状態でしょう。

しかしあなたが解決策を尽くしたのであれば、そのあとはいくら不安になって

も「仕方がない」ことなのです。

「人事を尽くして天命を待つ」という言葉があります。「自分にできる限りのことをしたら、あとは静かに天に任せよう」という意味ですが、まさにその通りだと私は考えています。

たとえば、怒らせてしまった取引先に謝罪をする、上司に報告するなど、ベストを尽くしたあとは「不安」になっても「無意味」なのです。身も蓋もない言い方に聞こえるかもしれませんが、「不安」はあなたを傷つけるだけです。


こんな話をご存じでしょうか。

地面の中に種が2粒ありました。春の温もりを感じた2粒の種たちは、それぞれ「芽を出さなければ」と思っていました。発芽のためには、まず根を張る必要があります。

1粒の種は、不安で根を張ることができません。

「虫に、根を噛まれるかもしれない。地中深くまで根を伸ばすのは疲れそうだ。それに、暗闇で恐ろしいことが起こるかもしれない……」

もう1粒の種も、同じように不安で根が張れませんでしたが、思い切って根を張り始めました。自分の力を信じて、できる限りのことをしようと思ったのです。そして小さい芽を出し、どんどん茎も伸ばし、花まで咲かすことができました。

一方、不安に襲われて根を張らなかったほうの種は、あるとき地上に降りた大きな鳥に掘り起こされ、食べられてしまいました。

人間は、不安だからといって、何もせずにじっとしているほうが、幸せというわけではありません。少しくらい危なそうに見えても、ほんの少し、勇気を出して挑戦したほうが、結果的にうまくいくことだってあるのです。

未来のことを考えると、人間は不安を抱えてしまうものです。そして、まだ起こってもいないことを先取りして心配したがるという性質を持っています。あげくの果てに、取り越し苦労で自分自身を痛めつけたり、不幸にしてしまうこともあるかもしれません。

それは、「今、ここ」をないがしろにしてしまうことから起こります。もっとも大切なことは、未来でも過去でもなく、あなたが「今、ここ」に生きていることなのです。

とはいえ、いくら非建設的とわかっていても「不安」から抜け出すのは難しいもの。「不安」を乗り越えるためには、逆説的なようですが、考えられる限りの「最悪の事態」を思い浮かべてみてください。

たとえば取引先を怒らせて、契約が打ち切りになった場合を考えたとします。おそらく上司はあなたを叱るでしょうし、社内での評価も下がるかもしれません。ですが、人事異動やクビにまでつながるとは考えにくいものです。取引先とはもう会うことはないかもしれませんが、あなたの忙しい日常は続くはずです。数カ月もすれば、取引先を怒らせた事実などみな忘れているでしょうし、もしかすると、そのエピソードが笑い話や武勇伝に変わっていることさえありえます。最悪の事態といっても「さほどのダメージではない」とわかれば、気分はラクになります。

こう書くと、少々楽観的すぎると思われるかもしれません。ですが、やるべきことをやったあとで「仕方がない」とあきらめることは、実は大切なことなのです。これも、先ほどの項で申し上げた「聖なるあきらめ」です。
たとえば「大災害がくるかもしれない」と不安になったからといって、毎日家に閉じこもってはいられません。防災用品を備えたり、家族と緊急時の連絡の取り合い方を確認したり、対策を講じたあとは、日々のそれぞれの仕事をこなしていかなければならないでしょう。

人間は、放っておくと、えてして不安な気持ちへと引きずられてしまうものです。「人事を尽くして天命を待つ」という言葉を心に留めてください。そして、最悪の状況を冷静に考えてみましょう。「それほど大ごとではない」と心が落ち着くはずです。

不安を感じたら、
最悪の状況を想像する。
意外にたいしたことじゃないと
気づくはず。

人間とは、自分から「不安になりたがる」動物。
しかし「最悪の状況」なんていくら想像しても、
百のうち一つも起こらない。

マイナス感情のほとんどは、思い込み

「寂しい」「私はもうダメかもしれない」「嫌われているのではないか」……。ふと、マイナスの感情に襲われることは、誰にでもあるはずです。

マイナスの感情がいったん湧き起こってしまうと、イライラしたり、あらゆることに手がつかなくなったり、とても嫌なものです。私もよくわかります。

でも、そういう感情のほとんどは、実はただの「思い込み」にすぎません。

思い込みというのは、やっかいな存在です。なぜなら、その人が幸せになるか、不幸せになるかを決めてしまうくらい、大きな影響力を持つからです。

本当は恵まれた状況にいるはずなのに、ほんの少しの思い込みで、あれよあれよという間に、不幸に感じてしまうことも、十分にありえます。そして、その逆もあるのです。

たとえば、一見「どん底」に見える状況の人でも、よい思い込みを持って日々

を一生懸命に生きれば、不思議なことですが、どんどん幸せになれるのです。幸せになるのに、特別な技術なんて必要ありません。強く、本気で思い込めばいいのですから。

私は、断言します。

あなたが、もし「幸せになりたい」と願うなら。「私は幸せだ」と思い込み続けてください。たったひと言でいいのです。幸せになる方法は、本当にそれだけなのです。

とっておきのエピソードをお話ししましょう。

沖縄の波照間島に旅した東京の青年がいました。波照間島は、日本最南端の有人島。都会から訪れた青年は、自然にあふれ、親切で優しい島の人たちと触れ合い、その素朴さに感動します。

「ここには泥棒もおらず、犯罪も起こらない。一応、駐在所はあるけれども」

そう島の人に聞かされて、すんなり納得する青年。それほど、島は穏やかで平和だったのです。

ある日、青年が自転車に乗って海を見に行ったときのこと。彼はポケットに入れてあった財布を、「荷物になるから」と自転車のかごに置いて、海岸へと降り立ちました。

1時間後、青年は自転車のところに戻りました。すると、なんということでしょう。自転車のかごに置いてあったはずの財布が消えていたのです。

「財布の中には全財産が入っていたのに……」

途方にくれた青年は、「島の誰かが盗んだに違いない」と思い込み、島の人たちをいつしか恨み始めます。そして、駐在所のおまわりさんのもとへ駆けつけ、「財布を島の誰かに盗られてしまった！」と訴えます。

ところが、おまわりさんは「この島には昔から、ものを盗む人などいない」と繰り返すばかり。「島の誰かに盗られた」と思い込んでいる青年と話がまったくかみ合いません。

するとおまわりさんは、紙袋に入ったアンパンを取り出し、実験を試みました。アンパンを青年の自転車のかごに入れて、離れた物陰から観察しようというのです。

青年とおまわりさんが息をひそめて見守っていると、しばらくして大きなカラスが現れ、アンパンを奪って飛んでいきました。

カラスはある大きな木にとまると、アンパンをゆうゆうと食べ始めました。おまわりさんは、青年に「あの木の下を探してみてごらん」とアドバイスします。

青年が木のまわりを歩いて掘ってみたところ、確かに財布が出てきたのでした。

青年は、自分の「思い込み」に気づきます。

「人は、お金を見れば、魔がさして盗ることもあるのだ」と思い込んでいたけれども、実はそうではなかった。

「ここには、ものを盗む人などいない」と、島の人たちは口を揃えていたけれども、それは本当だった……。

そして青年は、島の人たちを疑ったことを恥ずかしく思ったのでした。

——このエピソードから、人の思い込みというものがいかに強いものか、共感していただけたのではないでしょうか。

まず「正しい判断ができなくなる」ということが、よくわかります。

「疑心暗鬼」という言葉があります。
「疑いの心を持っていると、暗闇を見ているだけでも、恐ろしい鬼がいるかのように見えてしまう」という意味ですが、この青年はまさにその状態でした。昔の人はうまく言ったものです。

あなたが今、人知れず気に病んでいることも、実際のところは、この青年と同じような思い込みかもしれません。思い込むなら、とびきり「よいこと」を思い込んでみませんか。

すぐに簡単にできる幸せになるための方法。
それは、よい思い込みをすること。

マイナスの感情にひたっているのではなく、
「私は幸せ」と思い続けることが、幸せになれる確実な方法。

怒りや反論は条件反射。本音とは限らない

「売り言葉に、買い言葉」という言葉をご存じでしょうか。
「相手の暴言に対し、それに相当する暴言でやり返す」という意味の言葉です。あまりきれいな言葉ではありませんね。しかし、誰しもそんな状況に立たされてしまう可能性があるのです。

気にさわることや嫌なことを、相手に言われたとき。すぐに反論したり、言いわけをしたくなるものです。

たとえば、テレビの国会中継で、議員から飛ばされた野次に、ムッとして言い返す大臣などの姿を見たことがある人も多いでしょう。しかし、野次の中には心無いものや、相手を怒らせることが目的の言葉もあります。

うっかりそんな「挑発」に乗ってしまうと、失言をしたり、自分の立場が危ぶまれる結果になってしまうこともありえます。たとえ、あなたに非がなくてもで

す。
だから、挑発のような「刺激」に対しては、まともに取り合うのではなく、冷静に対応することが大事です。

そこでおすすめしたいのは「ひと呼吸おく」という習慣。言い返したくなったら、ひと息つく。できれば深呼吸してみる。それから、心の中に湧き起こってきたマイナスの感情を、冷静に観察するのです。

すると、反論や怒りをぶつけることが得策ではないことに気づくでしょう。怒りや、悔しさ、不満……。そんな感情の波に、決してのまれないようにしたいものです。

すぐに怒りや不満が出るのは、条件反射のためです。条件反射というのはやっかいなもので、その人がもともと備えているはずの主体性をなくすことも引き起こしてしまいます。

でも人とは本来、主体的な生き方をするときに、もっとも幸せに感じるようにできているのです。

また「ひと呼吸おく」という訓練が日常的にできていれば、たとえ大災害が起きた場合でも、適切な避難の方法を考えつくことができるでしょう。それが人生の明暗を大きく分けることにまでつながるのです。

東日本大震災のとき、津波から奇跡的に逃れた、ある小学生たちの話があります。

その小学生たちは、防災訓練のときには近くの丘に駆け上がる練習をしていたそうです。ですが、大震災の当日、小学生たちはいつもの丘ではない、ほかの小高い丘に避難し、結果的に助かったといいます。そして、避難場所として定められていたいつもの丘は、津波に襲われていました。

子どもたちと先生は、示し合わせて何かに導かれるかのように、避難場所ではない安全な丘へと向かったのです。

このとき、条件反射で動いていたら、いつもの丘に行っていたでしょう。しかし、ひと呼吸おいて冷静に考えたりしたからか、助かる場所を見事に当てることができたのです。

私はこのエピソードを聞いたとき、人間の潜在能力のすごさを感じました。

「刺激」に対して、すぐに反応しないこと。ひと息のゆとりが、命を救うこともある。

相手の言葉にすぐ、言い返したり、言いわけしたり……。
そんな態度は、効率がいいように見えて、
実は大きな危険をはらんでいる。

郵便はがき

切手を
お貼りください

105-0003

（受取人）
東京都港区西新橋2-23-1
3東洋海事ビル
（株）アスコム

ゆっくり変わる

読者　係

本書をお買いあげ頂き、誠にありがとうございました。お手数ですが、今後の出版の参考のため各項目にご記入のうえ、弊社までご返送ください。

お名前	男・女	才
ご住所　〒		
Tel	E-mail	
この本の満足度は何％ですか？		％
今後、著者や新刊に関する情報、新企画へのアンケート、セミナーのご案内などを郵送またはｅメールにて送付させていただいてもよろしいでしょうか？ □はい　□いいえ		

返送いただいた方の中から**抽選で３名**の方に
図書カード3000円分をプレゼントさせていただきます。

当選の発表はプレゼント商品の発送をもって代えさせていただきます。
※ご記入いただいた個人情報はプレゼントの発送以外に利用することはありません。
※本書へのご意見・ご感想およびその要旨に関しては、本書の広告などに文面を掲載させていただく場合がございます。

●本書へのご意見・ご感想をお聞かせください。

ご協力ありがとうございました。

嫌いなものに楽しみを見つけられたら、生きる名人

誰にでも「やりたくないこと」があるのではないでしょうか。たとえば、試験を受けなければいけない、掃除をしなければいけない、さして興味もない会議に出席しなければいけない……。「やりがいが感じられないけれども、仕方がないからこなしていること」は、あなたの日常の中にも、きっとあるはずです。

心がまったく満たされていないのならば、それは「幸せな状態」だとは決していえません。人間にとって、いちばんの幸せは「心が満たされること」ですから。

「それを努力して好きになれ」と言われても、難しいことですよね。

「やりたくないこと」から、どうしても逃げられないのだとしたら……。潔く引き受ける覚悟をして、腹をくくることが、実は「幸せ」へとつながります。「やりたくないこと」の中にも、あなた自身にプラスになることや、何らかの意味があることも多いからです。

橘《たちばなの》曙覧《あけみ》（1812〜1868年）という江戸時代の歌人をご存じですか。『独《どく》

楽吟《らくぎん》』という52首の連歌集で知られる人物です。

上皇上皇后両陛下がかつて訪米されたとき、クリントン米大統領（当時）が歓迎のスピーチで『独楽吟』の一首を引用したことで、大変注目されました。ここでは3首だけご紹介しましょう（ちなみに、クリントン氏が引用したのは1首目です）。

たのしみは　朝おきいでて　昨日まで　無かりし花の　咲ける見る時

たのしみは　まれに魚烹《に》て　児等《こら》皆が　うましうましと　いひて食《く》ふ時

たのしみは　珍しき書《ふみ》　人にかり　始め一《ひと》ひら　ひろげたる時

（出典：福井市橘曙覧記念文学館　公式サイト）

これらの短歌には、実は共通することがあるのですが、お気づきですか。それは「たのしみは〜」と始まり、「〇〇時」と終わるスタイルです。

人生とはまさに「楽しむために与えられている」ものです。そのときそのときを楽しんだ人生こそ、「よき人生」となります。人生とは、苦しみや悲しみを乗り越えるためのものでも、自分を厳しく鍛錬するものでもありません。楽しむこととは、何かに情熱を傾けて没頭したり、ひたむきに生きることです。

聖書の登場人物で、「いい人生」を送った人というのは何人もいますが、中でも真っ先に思い浮かぶのは聖母マリアです。聖母マリアは、神に自分の存在すべてとその生涯を賭けました。神のために、我を忘れて尽くしたのです。聖母マリアのような人を「生きることの名人」というのでしょう。

私がおすすめしたいのは、この『独楽吟』をあなたの口グセにしてしまうこと。「楽しみは……」というのは、どんなに嫌なことも楽しくなってしまう魔法の呪文です。「楽しみは……」のあとに「目が見えること」「食べられること」「歩けること」など、あなたにとって当たり前すぎることを続けて唱えてください。

短歌という形式にとらわれず、短い言葉でも大丈夫。呪文がひとりでに口をついて出るようになれば、しめたもの。「生きることの名人」に近づけるはずです。

「楽しみは　今この資料を　コピーするとき」
「楽しみは　散らかりし家を　掃除するとき」
「楽しみは　テストで出るところを　勉強をするとき」

今まで我慢して行っていたことでも、不思議とだんだん楽しく思えて、いつしか大きなやりがいを感じられるでしょう。このように、どんな状況でも1秒ごとにベストを尽くして「今を生きること」。それが、本当の意味での「幸せ」です。

「幸せは……」という魔法の呪文で、楽しさや幸せを引き寄せる。

どんなに不本意な状況だったり、退屈であっても、心の持ちようひとつで、誰でも幸せになれる。

ほんの１ミリ気持ちを上げる。その連続を幸せという

どんな人でも、生きていく上で決して避けられないのが「ストレス」。軽いストレスであれば、人をいい意味で鍛えたり、強くしてくれるといわれています。ところが大きすぎるストレスは、人をだんだんとむしばんでいきます。これは誰でも体験的によくわかることでしょう。

ストレスとは、簡単に言うと、何かを「嫌だなぁ」と感じることです。「病は気から」と言いますが、重すぎたり、つらすぎるストレスは、どうにかしてうまくかわすことが大切です。

たとえば、同居している家族とすれ違いがあり、きつい言葉でやりとりをしてしまった場合。

言われた言葉を額面通りに受け取るのではなく、ひと息、深呼吸してから対応しましょう。すぐに反発すると、冷静に考えられず場が悪くなってしまう危険性

があります。

もっともよいのは、ストレスの原因（ストレッサー）を断ち切ることです。ちょっと家から出て、外でお茶を飲むのもいいでしょう。

家から出たあとも、まだ家族のことを考えてしまうようなら、「あの人は今日、体調がすぐれなかったのかもしれない」などと、好意的に解釈しておきましょう。ここで、間違っても「私が至らなかったせいであの人を怒らせてしまった……」などと、自分を責めてはいけませんよ。

そして、まったく別のことを考えましょう。

「私はこんなに元気ではないか」「こんなにしっかりと歩けるではないか」などと、自分にとってごく当たり前のことでいいので10ほど挙げてみてください。沈みかけていた気持ちが、確実に1ミリ上がるはずです。この「プラス1ミリの気持ちのアップ」を続けることが、あなたを幸せに導くことでしょう。

ある奥様の話をしましょう。

彼女は毎日、夫の両親の介護をしています。介護と聞くと大変そうなイメージがありますが、彼女はいつも明るく、楽しんでいるように見えます。

その秘訣を聞いたところ、彼女は2カ月に一度は旅に出るのだそうです。旅といっても、日帰りや1泊2日。長くても2泊3日でとどめ、その間は夫がご両親のお世話をしているのだとか。


「心のバランスをうまくとっている」と、私は感心しました。

とはいえ、実際に旅に出ることはなかなか難しいものです。そこで、「小さな旅の感覚」を感じる方法をご紹介しておきます。次のことを順に、冷静に思い浮かべてみてください。

①ゆったりとした気分で目を閉じます
②深呼吸を10回繰り返し、吐く息とともにストレスも一緒に吐き出します
③呼吸がラクになったところで、緑の平原を思い描きましょう
④歩いている自分が、その先の森に入っていくところを思い浮かべます
⑤あなたを温かく包む木漏れ日の中から、小鳥のさえずりが聞こえるシーンを想像してください

⑥花の香りとともに、風が優しく通り過ぎていきます
⑦すべての自然に語りかけながら、ゆっくりと歩きます
⑧初めの緑の平原に戻り、わが家に帰りましょう

最後に、そっと目を開けましょう。気分がうまく切り替わっているはずです。

人間というのは不思議なもので、わざわざ嫌なことを考えて、ストレスを感じて落ち込んだりクヨクヨしたがるという習性を持っています。放っておくと、生きる意欲というものは1ミリ1ミリ、下がり続けてしまうものなのです。

1ミリ1ミリ、気分が上向きになる人生と、下がり続けて沈んでいく人生。いったいどちらが幸せでしょうか。

ストレスは多くの場合、人間の大敵です。上手にかわしたり、気持ちを切り替える術を身につけてみてください。

ストレスを感じたら「プラス1ミリ」の気持ちのアップを。

放っておくと、苦しいことを考え、
ストレスを感じて気持ちを落ち込ませていくのが人間の習性。
「1ミリ、1ミリ」気持ちを沈ませるのではなく、
上げていくことができれば、もっと素晴らしい人生になる。

「つらい」を「楽しい」に変える5分間の空想ゲーム

自分の心をうまく操るにはどうしたらいいのかについて、ここまでお話をしてきました。

でも、決して難しく考えないでください。日々、心がけてほしいのは「とにかく楽しい気持ちで過ごす」という、単純な大原則です。

自分の心の中に「苦しいこと」ではなく、「楽しいこと」を刻み込んでいけば、「楽しいこと」が引き寄せられてきます。

「不安」「怒り」などのマイナスの感情や、こだわりなどが心に浮かんできたら、深刻に考えすぎないで、楽しいことを思い出してください。聖書にも、このように書かれています。

「災難は、悪く考え、悪く行動する者より来たる」

「神は、よく笑う人間を好む」

そんなこと、簡単にできるわけないと思った人もいるかもしれません。

でも、「つらい」を「楽しい」に変えるのは、ほんのちょっとしたことがきっかけでできるのです。

たとえば、バッグに、人形のキーホルダーや小さなぬいぐるみなど「かわいいもの」をつけている人を見かけます。実はこういったアイテムが、「つらい」を「楽しい」に変えるのです。

「かわいいもの」を見ると、誰しもその瞬間はふっと和んで、幸せな気持ちになります。ほんの一瞬のことかもしれませんが、それはとても大切なこと。心の声がその人に「つけたほうがいい」と教えてくれているのではないでしょうか。

嫌な刺激を受けて気分が落ち込んでいるときは、心のメーターがマイナスに大きく振れています。「かわいいもの」は、それをプラス側へ一瞬で引き戻してくれる作用があるのです。

これは、かわいらしいキーホルダーに限った話ではありません。家族の写真を持ち歩くのもいいですし、さらに言えば、何かを持ち歩かなくてもいいのです。「思い出すだけで和むこと」を、心の中で決めておくだけでも、楽しい気持ちを作ってくれるはずです。

「旅行で目にした美しい景色」「大好きな人の笑顔」……、何でもかまいません。あるいは、ガムをかむ、お茶を飲むという非常に簡単なことでもいいのです。

リスが冬眠に備えて木の実を巣に蓄えるように、人も心の中に「思い出すだけで和むこと」を豊かに蓄える。そして、それをいつでも思い出せる訓練をすることは、幸せになるもっとも簡単な方法の一つです。

嫌な過去をわざわざ思い出して不愉快になったり、悪い未来を想像して不安になったりと、あなたの「今」を汚染してしまわないことが大事なのです。

親しいアメリカ人女性の話です。彼女は夫の悪口をたたいてばかりいました。そこで、私は彼女をある「ゲーム」に誘ったのです。

そのゲームとは、5分間だけ、「夫婦で仲よくお茶を飲んだり、楽しく話している風景」を想像して、なおかつ「自分が実際に楽しく体験していると感じてみる」というものです。

彼女は、しぶしぶ取り組んでくれていた様子でした。

数カ月後、彼女と再会したときのこと。一緒に現れた彼女の夫はこう教えてくれました。

「妻はまったく明かしてくれないのですが、突然、幸せになる秘訣を手に入れたようです」

この「5分の空想ゲーム」は、電車での移動中や、入浴中や睡眠前など、時や場所を問わずにできるものです。

ぜひ暮らしに取り入れてみてください。

マイナスに振れた心も、ちょっとしたことでプラスに戻せる。

心は、ほんのわずかな刺激でも、すぐにマイナス側に振れてしまうもの。
逆に言えば、簡単なことでプラスに転じられる。
心をプラスに変えられるアイテムや習慣は、用意しておこう。

渦巻く気持ちを声に出すと、ふっとラクになって好転する

これまで「不安」の乗り越え方について、いくつかお伝えしました。ここでは、不安が起こるメカニズムについて考えてみましょう。

心がどう動くのかを自分自身でわかっていれば、たとえ不安に遭遇しても、不安に引きずられることはないはずです。

「不安」は、「対象がわからない」「結果がわからない」など、不確実である状態で湧き起こってくることが多い感情です。

たとえば、病気の疑いがあり、検査をして、その結果が2週間後に出るというときです。「蛇の生殺しのようで、生きた心地がしない」などという話をよく耳にします。

このように、「結果がわからない状態」「返事を待たされている状態」など不確実な状態は、人間の心をむしばんでいきます。結果や返事が来るまで対処のしよ

うがないからです。

しかし、人間とは不思議なものです。どんなに困難な状況になっても、不確実な状態ではなく、結果や返事がはっきりすると、それに対処することができるようにできています。

たとえば、検査結果で重病だと医師に診断をされた場合。ほとんどの人は、その場で落ち込んだり、取り乱したりするでしょう。でも、数日も経てば気を取り直して、治療に向けての現実的な対応ができるものです。

しかし、検査結果を待っているときは、「重病かもしれない」という不安に対しては、何とも対策の立てようがありません。ほかのことに打ち込んで、気をまぎらわすことくらいしかできないでしょう。

かの有名な作家・芥川龍之介は「僕の将来に対する唯ぼんやりした不安」という言葉を手紙に書き残し、自殺しました。まったく、天才には天才ゆえの苦しみがあるものだと、考えさせられてしまいます。

芥川のように、一般的に、感情の豊かな人ほど不安を感じやすいといわれています。細やかな感受性は素晴らしいことですが、一方で、自分を傷つけやすい側面もあります。

では、いったいどうすればいいのでしょうか。私がおすすめしたいのは、「人生を深刻に考えすぎない」ということです。

「マジメに生きる」「人生をよりよくする」といった目標を掲げることは、もちろん素晴らしいことです。ですが、苦境に立たされたときは、深刻にならないようにしましょう。さらに暗い気分になってしまいますから。

そこでまず一つは、「私は今、~で不安になっている」と声を出すこと。すると、不安になっていることがはっきりとします。「なんだか不安」という状況から抜け出せますし、解決策もより見つけやすくなります。

不安の原因、解決策もあわせて、声に出すといいでしょう。声を出すだけですから、簡単にできますよ。

あるとき、一人の学生が「卒論の作成が手につかない」と相談にやってきたことがあります。

彼女は、「不安でたまらない」と訴えるのです。心の中では「卒論を書けたとしても、不合格の点がつくかもしれない」という気持ちが渦巻いているというのです。

しかし、卒論をまだ出してもいないのに、そのあとのことまで先回りして考えてしまうのは、おかしな話です。私はこうアドバイスしました。

「卒論は、提出をしなければ、点もつきません。こう口に出して言ってみたらどうでしょう。『卒論を提出して、不合格になったら、それはそのときに考える。出さなかったときと同じ結果でしかない』」

彼女は何度もこの言葉を繰り返しました。そして無事に卒業し、今は社会人として充実した日々を送っています。心の中の声を言葉にして、それをプラスの文章に変えてみるだけで、気持ちはふっとラクになるものです。

また、私の知人で、ある医療団体の医師がいます。

復興支援のために、定期的に被災地に通い尽力されているのですが「大きな不安を感じる」と私に明かしてくれました。

解決策や復興のめどなど、はっきりしない要素が多いからでしょうか。「自分に課せられた重責を感じると、気が重くなる」とも言っていました。

そこで私がお伝えしたのは、先に挙げた「不安の原因や解決策を声に出す」という方法です。

さらに、その応用として「自分に暗示をかける」という魔法の手法も紹介しておきました。それは「うれしい、楽しい、幸せだ！」と大声で言いながら、手足を大きく振りかざして歩くということです。

これは自己暗示のひとつですが、とてもいい気分転換になります。できれば人目につかない場所で、心おきなく行うのがいいでしょう。

不安の多くは「不確実なこと」が原因です。でも「声を出す」など体を使うことで、不安はコントロールできるということを、ぜひ知っておいてください。

「声を出す」など、体を使うことで不安はコントロールできる。

不安の原因は、声に出すと消える。
「楽しい」と声に出すと、本当に楽しくなる。

この悩み、ご先祖様ならどう思うだろう？

長い人生の中で「なんだか前向きになれない」という時期が訪れることは、誰にでもあります。

疲れ切ってしまったり、不幸な出来事に直面したり、孤独感を抱いたり……。

そんなときは「歩くこと」など、体を使うことがいいと89ページでご紹介しました。

どんなにマイナスの感情も、すべては「思い込み」です。心に隙間があるものだから、感じなくていいことまで感じてしまうのです。

だから、体を使ってその思い込みを「まったく違う思い込み」に変えていく練習が必要です。

歩くことの次に私がおすすめしているのは「絵を描くこと」です。手を使って絵を描くことで、思い込みや新たな事実に気づくことができるのです。

もちろん、絵を描くといっても、油絵のような本格的な画材を使うわけでも、時間をかけて大作の制作に取り組むわけでもありません。簡単なイラストでいいのです。画材はクレヨンでもペンでもかまいません。

手を動かして絵を描く作業には、計り知れない力がひそんでいます。大切なことは、くれぐれも「上手」「下手」にとらわれないことです。自由に描くことで、心を解放するという点に大きな意味があるからです。

絵の効用をうかがい知ることができる話をしましょう。ある60代の富豪の奥様の話です。

彼女は台湾の大きな病院の個室に入院して暮らしていました。実は、彼女の体にはどこも悪いところはありませんでした。ですが不思議なことに、ある日まったく動けなくなってしまったのです。彼女は食事から排泄まで、身の回りのすべてのことを看護師さんに任せていました。

主治医は、心理的なことが原因だと推察していました。彼女の子どもたちはみな成人して家を出てしまい、夫は働き盛りで外出しがちでした。彼女はいつも、広大なお屋敷で一人で過ごさなければならなかったのです。

そこで、主治医は彼女の家族と話し合った末に、ある治療を行います。それは「病院内で、彼女への一切の介助をしない」ということでした。

突然、生活上の一切の手助けを絶たれた彼女は、最初は激怒し、周囲の人間に怒鳴り散らします。ですが主治医との話し合いを重ね、「手助けがないことこそ健康になる方法」と納得します。そして、主治医のすすめで退院に踏み切るのです。

主治医は彼女に言います。

「どんな薬も必要ありませんし、体調についての心配もしないでかまいません。ただし、あなたが帰宅したら、この病院で知り合った人たちに毎日はがきを送ることを習慣にしてください」

彼女はそれから、毎日絵手紙を描いては病院に送りました。中には返事をくれる人もおり、彼女の励みになったのでしょう。1日に3通届くこともあったそうです。そして、彼女は心身ともに元気になることができました。

毎日絵手紙を描くことを、ノルマとして課すことは大変なことかもしれません。しかし、誰にでも簡単に描ける絵を描くことならば、手間にならず簡単にできます。ぜひ試してみてください。

簡単に描ける絵のテーマは、次の2つです。

1つ目は、あなたのご先祖様の家系図を描くこと。親、兄弟、親せき、祖父母など、さかのぼれるところまで、描いてみてください。これは「先祖の木」と呼ばれています。

この先祖の木を眺めてみると、「一人で生きているのではない」という事実をはっきり感じることになるでしょう。また「自分一人の力で、生まれてきたわけではない」ということにも気づくはずです。

「長く続いてきた多くの命の延長線上に、自分の人生がある」と思えると、今抱えている悩みがちっぽけに見えてきます。

2つ目は、あなたが今暮らしている空間を絵に描いてみることです。

つながりが深いところから描いてみてください。絵のうまさなんてまったく気にせず、自分の心を解き放つつもりでのびのびと手を動かしましょう。

家の中は、居間や台所などに分かれていると思います。家族やペットなどがいる場合は、描き込んでください。ほかにも、遊びにきてくれた友人などを描いてもいいですね。

すると不思議なことに、自分が多くの人と結びついて支え合いながら生きていることが実感できるはずです。

この2種類の絵を描くと、自分一人だけで苦労しながらもがいているのではなく、家族、友人など多くの人たちに愛されながら生きているとさえ思えてくるでしょう。

すると心が安らかになり、現実を認識し直したり、気持ちを整理することができるようになります。自分の思い込みも、本当によく見えるようになるのです。

そして、いつしか気持ちが和らぎ、マイナスの感情がだんだんと薄れてくることを実感するはずです。

手を動かして絵を描くだけで
マイナスの感情が消え
気持ちの整理ができる。

マイナスの感情をはねとばしてくれる、２つの絵を描いてみよう。
ごく簡単な作業だけれども、大切なことに気づくはず。

悲しみや憎しみはある種の快感。自分しだいで手放せる

私は有志の会員を募って「グレールメール」という活動をしています。「グレール」とは、最後の晩餐の席でキリストが弟子たちのために葡萄酒を注いだ聖杯のことです。

キリストが、限りない愛を聖杯に注いだことにちなみ、「心から無限の愛があふれる人になってほしい」という思いを込めて、そう命名しました。

会員の方には2つのお願いをしています。

まず、ノートに毎日、記録をつけてもらうことです。内容は5分以内に書き留められることでかまいません。

「自分にとって意味のあったこと」「よかったこと」「学んだこと」「自分への恵みだと気づいたこと」などです。

そして1カ月に1回、「自分にとって意味のあったこと」「成長の助けになった

こと」などを書いて、私あてにメールを送ってもらいます。私はそれを読んで祈りをささげ、会員のみなさんにメッセージを返送しています。

これが「グレールメール」の活動です。


これは言ってみれば、心の訓練です。日々の暮らしの中で「よいこと」を発見する力を高め、また、嫌なこともプラスの視点で見つめ直すという習慣づけです。長く続けたことで、別人のように人生を変えた人がたくさんいます。あなたにもぜひおすすめしたい習慣です。


そもそも私が、なぜこんな活動を思いついたのか。実は、ある一人の女性のエピソードが大きく関係しています。

その女性には多くの兄弟がいました。一番下の弟は、身体障害者で生まれ、幼稚園に入る年頃になっても、寝たきりでした。

弟を喜ばせたいという思いから、家族みんなが弟に「その日あったよいこと」を話したそうです。すると、弟はニコニコと笑顔で反応し、ときに声を上げて一緒に喜んだり楽しんだりするようになりました。

それを主治医に報告したところ、「病気が治るわけではないけれども、とてもよいこと」と言われたそうです。

それ以来、家族はみな、1日1ネタ、楽しいことやうれしいことを探して、手帳にメモするようになったのです。

その内容は、他愛もないことだったといいます。「帰り道に、とてもかわいらしい犬がいた」「街路樹が赤く紅葉してきれいだった」など。

その家族は、帰宅すると必ず弟に1日の出来事を報告する。すると、弟はキャッキャッと喜ぶ。その女性いわく、「よいこと」は弟へのおみやげ、ギフトなのだそうです。

弟さんは、今もお元気だといいます。

私がその女性に接したのは、彼女が大学生の頃でしたが、10年近くも「よいこと」探しを続けていると語ってくれました。

彼女はまた、こんなことも言っていました。

「よいことばかり、毎日探そうとしていると、接する人すべてがとても温かく思えてくるのです。嫌な人には一切会わない。これは弟からの何よりのプレゼントです」

私はこの話を聞いて、胸が熱くなりました。その後、彼女はとても幸せな結婚をしています。

私は、彼女に「よいこと」を探し、喜ぶということの素晴らしさを教えてもらいました。そして、冒頭で申し上げました「グレールメール」というものを思いついたのです。

聖書にもこんな言葉があります。

「では、わたしの兄弟たち、主において喜びなさい。同じことをもう一度書きますが、これはわたしには煩わしいことではなく、あなたがたにとって安全なことなのです」

（フィリピの信徒への手紙　第3章1節）

「喜び」とは「安全なこと」だと書かれています。

マイナスの感情が湧きあがったようなときこそ、「喜び」という避難所に転がり込むのです。悲しみや、怒り、不安など負の気持ちにとらわれると卑屈になったり、誰かを憎むことが快感になってしまうことがあるからです。その状態からは、よいことは何も生まれません。

私たちが幸せになるためには、「喜び」こそ、かけがえのない避難場所なのです。

嫌なことがあったら、「喜び」という名の避難所に転がり込めばいい。

よいことを発見して、喜ぶことは、人を強くしてくれます。

1日1回、また1カ月に1回、自分を振り返る習慣を始めましょう。

そんな小さな積み重ねは、心を鍛えるトレーニング。

あなたの心の筋肉を強くしてくれます。

第3章

変わる方向を
間違えないために、
本当の望みを見極める

「一番」「完璧」を求めるのは、思い込みのワナ

誰にでも「思い込み」というものがあります。

たとえば、「悲しいときでも声を出してなんて泣けない」という人には、「男たるもの……」「大人だから……」という思い込みがあったりするわけです。

この思い込みが強い人は、プライドが高かったり、見栄っ張りだったりするものです。

思い込みが本人に大きなプレッシャーをかけている状態を、私は「思い込みのワナ」と呼んでいます。

人はみな、大人に育てられる過程で、さまざまな価値観を植えつけられます。「他人を傷つけてはいけない」「人の道から外れてはいけない」などという倫理観は、もちろん大切です。でも中には、過剰な期待ともいえる、価値観の押しつけもあります。

「一番を目指しなさい」「会社で出世しなさい」など……。

これらの思い込みは、思い込んだ人の人生をがんじがらめにしてしまうことがあります。ともすると「完璧主義」に陥ってしまう可能性があります。

聖書は、こんな素晴らしいことを言っています。

「常に一番になろうとするような努力は風を追うようなものだ」

「現実には、〝一番〟になれる人はごくわずかです。仮にそうなれても、少しすればもっと優れた人が現れるものです。成功とは、自分にできる最善を行うことであり、他の人の上をいくことではありません」

また「よき嫁、よき母になりなさい」というような価値観も、世の中には存在します。ですが、それを真に受けすぎて、自分を苦しめることはありません。

過去に、池田小学校で殺傷事件が起こったときの話です。

自責の念にさいなまれていた、ある被害者の母親がいました。彼女はずっと

「あの日、子どもを休ませればよかった」と悔やみ続けていました。

ですが、彼女の役割は、明るく子どもを学校に送り出すことだったはずです。その日に起こる出来事など、神様でもないのにあらかじめわかるわけがないでしょう。

彼女は、子どもを失った苦しみを味わうと同時に、自分自身のことを「よい母親ではなかった」として、痛めつけていたのです。それは「完璧な母親にならなければ」という思い込みにしばりつけられていたからです。

すべきことは、悔やみ続けることではありません。

それよりも、子どもに愛情を注いできたことに自信を持ち、子どもの分まで精一杯生きることだと私は思います。

このように、思い込みのワナは、身近にたくさんあります。大切なことは、自分自身を完璧な「神様」に祭り上げないことです。

そして「マイナスのことを思い込むこと」にエネルギーを注ぐのではなく、もっと幸せなことに目を向けてみましょう。大空や花を見て感動する、誰かに会うといったことでも十分です。

一番を目指すのではなく、今の自分にできる最善を目指す。

「ナンバー1」あるいは「完璧でないといけない」なんて思い込まなくていい。今できることから、一つひとつ向き合っていこう。

仕事はある。誰にでも。小さなことの先に望む仕事がひそんでいる

仕事についてお話ししたいと思います。

私のところに悩みの相談で来られる方の中で、最近よく聞くのは「仕事がない」という悩みです。雇用は景気に直接影響されるものです。以前に比べると、求人の数は確かに減ったのかもしれません。

ですが、仕事というものは高望みさえしなければ、いつの時代でも何かしらあるものです。「仕事がない」という人は、業務内容、給料、待遇、勤務地など、自分でさまざまな条件をつけて「選んで」いるのではないでしょうか。

もちろん自分に合った仕事を選ぶことは大切です。ですが、それが「高望み」にならないように。「仕事がない」と嘆く人は、えてして「大きな仕事をしたい」「立派な仕事をしたい」という大きな欲に振り回されているように感じます。

少し厳しく聞こえてしまうかもしれませんが、「仕事がない」という人には

「あなたのプライドは高くなりすぎてはいませんか」と、私は尋ねるようにしています。

まずは、どんな仕事でもいいと思うのです。与えられた仕事に喜んで取り組んで、一生懸命になってください。あなたを見ている人はきっといるはずです。その頑張りを認めて、あなたを引き上げたり、味方になったり、新しい仕事につなげてくれたり、必ずあなたの力になってくれるはずです。

仕事とは、そうやって自分の力が周りに認められると「広がっていくもの」なのです。求人欄には書かれてはいませんが、小さな仕事の先には、より大きな仕事がひそんでいるのです。

でも、あなたが「こんな小さな仕事」と見ている限りは、その仕事は永遠に、小さくつまらないものであり続けるでしょう。

聖書にこんな言葉があります。

「ごく小さな事に忠実な者は、大きな事にも忠実である。ごく小さな事に不忠実な者は、大きな事にも不忠実である」

（ルカによる福音書　16章10節）

小さいことに一生懸命になれない人に、大きなことなどできるわけがありません。この真理は、仕事に限らず、何にでもいえることです。

「小さな仕事」「つまらない仕事」と
あなたが見ているうちは
その仕事は永遠に小さく、つまらないまま。

小さいことにも全力投球できない人が、
大きなことに全力投球できるわけがない。
たとえ小さい仕事でも、一生懸命取り組んでいれば、道は開ける。

お金は道具であり手段。量より使い方が幸せを決める

「今よりもっとお金があれば、きっと幸せになれるのに……」

誰しも一度は、このように考えたことがあるのではないでしょうか。

多くの財産に恵まれている人、たとえば資産家や不動産王、アラブの石油王の中にも、こう考えている人は多いかもしれません。

日本には昔から「長者富に飽かず」ということわざがあります。「富んでいる人がさらにお金を欲しがるように、人の欲にはきりがない」というたとえです。なんだか皮肉な笑い話のようですが、一面の真理をついています。

いったいいくらあれば、人は幸せになれるのでしょうか。

もともと恵まれた境遇にいたのに、わざわざ全財産を捨てた、聖フランシスコという人がいます。

「信じられない」という声もあるでしょう。ですが、物質的に満たされていることと、心が満たされていることは必ずしも一致するわけではないことが、フランシスコが選んだ行動の背景にあります。

フランシスコは1181年、イタリアの富豪の跡とりとして生まれました。贅沢三昧で放蕩を尽くした末に、戦争におもむき、1年の投獄生活を経て、大病にかかってしまいます。そのような挫折を経て、彼は神の声を聞きます。

「貧しい者、打ち捨てられた者の友として生きよ」

24歳になっていた彼は巡礼し、物乞いをする身となります。

そのような生活を通し「足るを知ること、所有物を持たないということ。そうした清貧生活を営めること」に魅力を感じたのです。そして、修道生活へと入ります。

その後、彼にならって全財産をなげうち、貧者や弱者に尽くす人たちによって「フランシスコ修道会」が生まれます。

それほど、彼は多くの人たちに愛されていたのです。

もしあなたが、「今よりもっとお金があれば幸せになれるのに」という考え方をしているなら、ぜひ、聖フランシスコのことを思い出してみてください。そして、目先のお金ばかりを追い求めているうちは、本当の意味で「心が満たされること」は永遠にない、私はそう思います。

もちろん、お金は生きていく上で欠かせないものであり、とても便利なものには違いありません。

ですが、目先のお金ばかりを追いかけていると、人生の中で「木を見て森を見ず」ということになりかねないのです。

お金は幸せになるための最終的な「目的」ではありません。単なる道具、「手段」でしかないのです。

お金があるから幸せなのではなく、お金を使うことによって、周りの人を喜ばせたり、満足させたりできたときに、初めて幸せだと思えるのです。目的と手段を取り違えては、おかしなことになってしまいます。

アメリカの詩人、エミリ・ディキンスンの詩に「一羽の弱ったコマツグミをもう一度、巣に戻してやれるならわたしの人生だって無駄ではないだろう」という詩があります。

（出典：『エミリ・ディキンスン家のネズミ』エリザベス・スパイアーズ著、長田弘訳／みすず書房）

弱った一羽の鳥を救うことができたなら。誰かが苦しんでいるときに、ちょっとでも手を差しのべられる存在になれたなら。人生において、それほど心を満たしてくれる体験はないでしょう。

あなた以外の誰かの役に立って初めて、お金やものが役に立つのです。物質的に豊かだからこそ、一羽の鳥を癒やすという心のゆとりが生まれることもあるのです。

物質的に豊かになった今だからこそ、「道具」と「目的」を混同しないようにしたいものです。

お金は、幸せになるための「道具」のひとつにしかすぎない。

お金に対する認識を間違えてしまうと、いつまで経っても決して幸せにはなれない。

その日よかったこと10個。これこそが真の成功体験

生きていく上で、成功体験を積むことはとても大切なことです。

行動をする際に、成功体験を思い出すことは、とても重要なことだといわれています。成功体験が心の杖のように支えになったり、トランポリンのように弾みをつけてくれるからです。


成功体験というと「難しい試験に合格した」とか「出世をした」「大儲けをした」などという大げさなイメージがつきまとうかもしれません。

ですが、大切にしたいのはあなた自身しか気がついていないようなささやかな「成功体験」です。

たとえば「きちんと電車に乗って、予定通りに目的地に着けた」というような日常のことでいいのです。それを、自分の心の中で、できるだけ大げさに言い換えてみてください。

「今日は朝早くに起きて、身支度をととのえて家を出ることができた」
「電車に遅れるかと思ったが、なんとか走って乗ることができた」
「しかもケガや事故もなく、無事に目的地に着けた」

こう書くと、毎日満員電車に揺られて通勤をしている方には、「誰もができる当たり前のことではないか」と笑われそうです。

ですが、よく考えると「誰もができること」こそ、実は感謝すべきすごいことではないでしょうか。

自分の細胞に一つひとつ、「えらかったね」「頑張ったね」と話しかけるつもりで、心に刻み込むように言い聞かせてあげてください。

私はこの小さな成功体験を「1ミリの成功体験」と名づけて、毎日一つ探し出して自分をホメています。無理なく続けるために、本当にささやかなことに注目してください。

小さなことでも、毎日続けることで人は生まれ変わることができる。そんなことを教えてくれた、ある若い男性の話をします。

その男性は以前、部屋に引きこもり、両親への暴力を繰り返していました。その両親から相談を受けた私は、彼に「人間の本当の価値」について話をして、「その日よかったことを10個書いて、私にメールを送ってください」と助言しました。

最初は「ご飯を食べた」などという日常の記録ばかりでしたが、「10分間、外を歩いた」「花が咲いていてきれいだった」などと、生活の変化を察することができるようになってきました。

そして数カ月後には「親とドライブにでかけた」「親と穏やかな気持ちで話をしている。感謝をしている」と、まるで別人のようなメールが届くようになりました。

私は彼に、特別なメールをお返ししたわけではありません。ほとんど返信はしませんでしたし、訪問を重ねたわけでもありません。

彼が大きく変化をしたのは、彼自身の力なのです。

自分の細胞に話しかけるように
毎日一つ、自分をホメる。

どんな人にでも「うまくいった」ことはあるもの。
そんな小さな成功体験を、自分でホメてあげることが大切。

時間の余裕がないときは、空間に余白を求めてみる

ものごとが思い通りにいかない、計画通りに進まないということは、誰にでもよくあることです。イライラと落ち着かない気持ちを味わうこともあるでしょう。そんなときは、その問題に真正面から取り組み続けるのではなく、少しだけ距離をとってみることが有効です。心を落ち着けて、ゆとりを持つことで、事態が好転することもあります。「ギュウギュウ詰め」のスケジュールでは、息詰まることもあります。ゆとり、いわゆる「余白」が必要なのです。

桃山時代の画家・長谷川等伯《はせがわとうはく》の作品に「松林図屏風《しょうりんずびょうぶ》」という水墨画があります。名作の呼び声高い国宝ですが、実はこの絵の大半は余白が占めています。空白の空間があることで、描かれている松がよりイキイキと見えて、現実を超えた次元にまで、見る人を誘い込んでくれるのでしょう。

このように、小さな空間や限られた視界といったものを、より広げてくれるの

が、余白というものが持つ力です。

普段の私たちの暮らしの中でも、余白を生み出すよう心がけることで、能率を上げたり、心を落ち着かせることができます。その具体的な方法とは、片づけや整理といったことです。

目に見えるものの秩序をきちんと正していくことは、物理的にはもちろん、気持ちに「余白」を生み出してくれます。また、頭の中で考えていることや、心の中の感情の整理にもつながるのです。

頭の中も、心の中も、たいていの人は常にせめぎ合っており、迷いながら答えを求めています。不思議なことに聞こえるかもしれませんが、手を動かしてものを片づけることによって、脳や心が刺激され、そこでのせめぎ合いもだんだんと解消されていくのです。

私の場合、仕事の行き詰まりを感じたり、むしゃくしゃした気持ちになったときは、机の上が散らかっていることが多いです。

そんなときは、1時間だけタイマーをセットして、書類など「気になっているもの」を徹底的に整理します。そうすることによって、かえって余計な時間を取るように思えますが、その後の能率はずっと上がります。

しかも、気分がスッキリしてリフレッシュすることもできます。片づけが及ぼす精神的な効果は、とても大きいのです。たかが1時間、されど1時間です。

「ものが散らかったカオスな（混乱した）状態が、アイデアを生む」という人も中にはいます。ですが「カオスな状態」だと、自分が取り組んでいることの全体像が把握しにくくなってしまうのです。そうすると「優先順位」もだんだんとわからなくなってきてしまいます。

人間は、優先順位がわからないと、重要なことを忘れたり、軽んじたりしてしまうものです。そこでミスが起きてしまう。だから、忙しいときこそ優先順位をはっきりさせることが大切なのです。

1時間の片づけを、ときどき行ってみてください。もちろん職場でも、学校でも、家庭でも、大きな結果が出るはずです。そして、このような習慣は、継続することが大事です。潜在意識に覚え込ませるためにも、紙に大きく書いて壁などに貼りつけることをおすすめしています。「1時間、集中して片づけよう」と紙に書いて貼るだけでいいのです。あなたの潜在意識は、そこに向かって動き出します。

心のゆとりは、片づけから生まれると言っても過言ではありません。

1時間だけ、集中して片づければ、頭も心もスッキリする。

うまくいかなくなったら手を動かして、整理をしよう。
心や脳の中のせめぎ合いも解消して、スッキリする。

求める。眠っている潜在意識を揺さぶるために

「人間の脳は、ほんの数%しか使われていない」。こんな言葉を聞いたことはありませんか。脳の使われていない99・7%を「潜在意識」、脳の使われている0・3%を「顕在意識」と呼びます。

このように、意識というものを2つに分類したのはオーストリアの心理学者、フロイトであり、ユングです。

わかりやすく車の運転にたとえると、人間の意識とは、「小さな運転手」（顕在意識）が、ハンドルひとつで大きなトラック（潜在意識）を操縦している、という状態です。

潜在意識は大きな力を持っているのですが、「あちらの方向に行きますよ！」という顕在意識からの指令が来ない限り、身動きができず、力を発揮することができないのです。

そこで「小さな運転手」（顕在意識）が「どこへ向かいたいのか」、つまり目的地を設定することが重要になってきます。

何しろ、99・7％の潜在意識は何もせずに「眠っている」のですから。それをうまく起こして、どれくらい活用できるかで、人生を大きく変えることができます。多くの偉人は、潜在意識をうまく使って大きな業績を残すことができたといわれています。

たとえばドイツの文豪ゲーテ。彼は困ったとき、静かに何時間も「想像上の会話」にふけった、といわれています。

新しいところでは、アメリカで活躍した牧師・著述家のジョセフ・マーフィーが有名です。マーフィーは「潜在意識の法則」を利用することによって、幸せになる方法を説いています。

密教など、古くからある宗教の修行でも「眠っている力を使いなさい」と説く教えは多いものです。

たとえば、修行者による「火渡り」を見たことがある方は多いでしょう。80

0度ほどの炭の上を素足で歩くという、通常では考えられないような修行のことです。鍛錬を積んだ人間が行うと、足の裏にやけどを負ったり、痛みを訴えたりすることはないですし、彼らは悲鳴を上げるそぶりさえ見せません。

これこそ、潜在意識のなせる業であるのです。

キリストも、このような言葉を残しています。

「潜在意識」などという用語や、難しい理屈はまったく使われてはいませんが、私はこの単純な言葉の奥に、深い真理が隠されている気がします。

「求めなさい、そうすれば、与えられる。
探しなさい。そうすれば、見つかる。
門をたたきなさい。そうすれば、開かれる」

（マタイによる福音書　7章7節）

これは「山上の垂訓《すいくん》」と呼ばれる教えで、本来は「神様に祈れば、必ず正しい信仰心を与えられるだろう」という意味の言葉です。そこから転じて「何事も進んで努力することが大切」と多くの人に解釈され、今でも世界中の人々に愛されています。

大切なことは、まず強く「求める」ということ。そして願いがあるならば「潜在意識に自分の願いを刻み込む」ということです。

潜在意識に願いが刻み込まれると、まず、あなたの中の信念や考え方がだんだんと変化し始めます。そして、行動や発する言葉が変わります。人への振る舞いも、当然違ってくるでしょう。柔軟に人に接することができたり、積極性が増したり、発言が前向きで魅力的になったりと……。

そのような「小さな変化」が積もり積もって、思わぬチャンスに恵まれたり、大きなきっかけが訪れたりして、いつしか願いがかなっている、という状態になるのです。

このような目に見えない素敵なつながりを信じて、努力を重ねることが大切なのです。

求めなさい、
そうすれば与えられるでしょう。
強く願って、行動しなさい。
そうすれば、
願いはいつしかかなうでしょう。

潜在意識を意識することで、
偉業を成し遂げた歴史上の人物は数知れず。
潜在意識を使わないのは、もったいないこと。

「祈り求めるものはすべて既に得られたと信じなさい」と聖書にある

「引き寄せの法則」という言葉を聞いたことがある方も多いと思います。

引き寄せの法則とは「自分が思ったことが、引き寄せられる（現実に起こる）」という「宇宙のルール」のことです。歴史上の偉人たち、たとえばプラトンやガリレオ、エジソン、カーネギー、アインシュタインなどは、このルールをうまく味方につけて、偉業を成し遂げたといわれています。

マザー・テレサはこのような言葉を残しています。

思考に気をつけなさい
それはいつか言葉になるから
言葉に気をつけなさい
それはいつか行動になるから
行動に気をつけなさい

それはいつか習慣になるから
習慣に気をつけなさい
それはいつか性格になるから
性格に気をつけなさい
それはいつか運命になるから

また聖書の中には、キリストのこんな言葉があります。

「祈り求めるものはすべて既に得られたと信じなさい。そうすれば、そのとおりになる」

（マルコによる福音書　11章24節）

マザー・テレサもキリストも、「引き寄せの法則」を意識しているように、私は思います。あなたの考えが、そのままあなたの人生をつくるのです。潜在意識についてお話しした内容と似ていますね。

引き寄せの法則で注意したいのは、よいことであれ悪いことであれ、あなたの考えていることが実現化してしまうということです。

たとえば、病気になることばかり気にしている人は、実際に病気になってしまう。人を恨んでばかりいる人は、いつしか人に恨まれるようになる。不幸なことばかり先回りして考えてしまう人は、やはり不幸になるのです。

「よいことを考えれば、幸福になる」。それだけではなく「悪いことを考えれば、不幸になる」。この法則も、ぜひ覚えておいてください。


こんな質問を受けたことがあります。

「陰口をたたいている人たちを見かけたら、どうしたらいいですか」

私は、「その場から、すぐに立ち去りなさい」とアドバイスしています。

陰口なんて、憂さ晴らしでしかありません。何の問題解決にもならず、後味が悪くなるだけです。それに、「引き寄せの法則」によって、悪口で出たことが本当に起きてしまうことだってあるのです。

もし、あなたが陰口の集団に加わったとしましょう。するとあなたも、悪口で出た状況の巻き添えを受けることも大いにありえます。

しかも、あなたが発した悪口を、広められたり、告げ口されるという危険もあるのです。よいことはひとつもありません。

あなたが思ったことが、
あなたのもとに、引き寄せられる。
それが引き寄せの法則。

「ダメだ、ダメだ」と悪く思っていると、どんどんダメになっていく。
逆に、よいことばかり考えていれば、本当に幸せなことは訪れる。
この大原則を心に留めておけば、プラスの状況が次々と発生する。

第4章

悩み多き人間関係を変える、たった1ミリの工夫

苦手な人には「おはよう」と声をかけるだけでいい

顔を合わせたくない苦手な相手というのは、誰にでもいるものです。「その人のことを思い浮かべるだけで、気が重たくなってしまう」ということは、残念ながら何歳になってもよくあることです。

一説によると、人間の不幸の90%は、人間関係が原因になっているといわれています。

反対にいえば、人間関係さえ順調であれば、人生の苦しみはかなり減らすことができるということです。

もし、あなたにとって不愉快でたまらない相手がいた場合、いちばんの解決策は、その人と「距離を置く」ことです。

ですが、物理的に難しい場合も多いでしょう。

すべての状況でできるわけではありませんが、そりの合わない相手を拒むのではなく「自分の気持ちをコントロールする訓練」だと思えれば、しめたものです。自分の気持ちと「いい意味」で折り合いをつけながら、相手とうまくつき合っていくという経験は、あなたを大きくしてくれますから。

いちばんやってはいけないのは、「私はあの人が苦手だから」と敬遠して、話を一切しないという状態です。

私はこれを「無言の害」と呼んでいますが、人間関係において会話がなくなることはとても危険なことなのです。

冷え切った雰囲気の家庭で。バタバタとあわただしい職場で。はたまた、学校やご近所で。「今日は苦手なあの人と、何も言葉を交わしていない」と気づいたら、どんなにささいなことでもいいので、あなたから話しかけてみてください。

話の内容は、小さいことで十分です。挨拶から始めて、天気の話題でも、昨日見たテレビの感想でも、なんでもかまいません。黙っているよりははるかにいいでしょう。

ここでは、何を話したかという中身は、重要ではありません。あなたが「話しかけてくれた」という事実が、相手の心を動かすのです。

話しかけるということは「あなたのことを気にかけていますよ」という、温かい「承認のメッセージ」にほかならないからです。

あなたが一生懸命、たとえひと言でも話しかけることを続ければ、その気持ちは相手に必ず届きます。相手の態度はいつしか変わってくるはずです。

たとえばあなたの周りに嫌な人がいたら、こちらから「おはよう」と声をかけてみたり、もし嫌いな上司から何かを命令されたら「はい！」と大きな声で返事をしてみるなど、小さなことから実践してみてください。

この方法で「相手の態度が変わった」という実例を、私は何人からも聞いています。

他人を変えようとすることは、難しいものです。でも自分の気持ちを変えることとは、それよりはるかに簡単でしょう。

あなたが歩み寄って好意的な心を示すと、必ずそれは相手に伝わって、心を変えてくれます。これは〝山びこの法則〟と呼ばれています。あなたの心が、すべてを決めるのです。

こんな有名な話があります。

大きな町の入口で、おばあさんが石の上に座っていました。そこへひとりの旅人が通りかかり、おばあさんにこうたずねました。

「これから入っていく町は、いい町ですか。幸せを与えてくれる町でしょうか」

おばあさんは答えます。

「あなたが住んでいた町はどうでしたか」

旅人はこう返します。

「とても嫌な町でした。だから新しい町に移ってきたのです」

おばあさんは、旅人にこう言いました。

「あなたの行く町は、あなたが来た町と同じです」

また、別の旅人が通りかかり、おばあさんに同じように聞きました。

「これから入っていく町は、いい町ですか。幸せを与えてくれる町でしょうか」

おばあさんは、同じように答えます。

「あなたが住んでいた町はどうでしたか」

旅人はこう返します。

「素晴らしい町でした」

おばあさんはほほ笑んで、旅人にこう言いました。

「あなたの行く町も、あなたが来た町と同じように素晴らしいですよ」

このように、人間関係がうまくいくかどうかも、幸せになるかどうかも、すべてあなたにかかっているのです。

話しかけることは、
その人への
温かい「承認のメッセージ」になる。

会話で大事なのは、あなたから話しかけたかどうか。

これが、相手の心を動かすから。

実は「内容」は、さほど重要ではない。

相手を変えるのはできっこない。自分をゆっくり変えるだけ

人に何かを伝えることはとても難しいことです。

まず「いつ話をするか」ということが大きなポイントになってきます。大事なことを伝えるときほど、相手はもちろんのこと、あなたの機嫌も悪くないときを見計らって言うことが重要です。

反対に、あなたが怒っていたりイライラしていたり急いでいるときなどに、大事なことを伝えようとすると、うまく伝わらないどころか、けんかやトラブルに発展したりするものです。

頻繁に話をしなければならない職場などでは、声をかける度に、上司の機嫌をうかがうことは難しいかもしれません。ただし、ほんの少し気をつければ、「明らかに声をかけないほうがよい時間帯」などに気づくはずです。

たとえば「交渉ごとは食前よりも、食後に声をかけるほうがよい」などという

ことは、よくいわれます。食欲が満たされて満足しているときのほうが、機嫌がよくなり、ハードルが高い要求も通りやすくなる。

これは多くの方が体験していて、共感しやすい話ではないでしょうか。

そして、あなた自身が冷静さを保ち、相手に振り回されないことこそ大事です。たとえば、無礼な相手に会ってしまったときは、あなた自身も引きずられないよう、冷静になるようにしましょう。

以前、講演に向かう新幹線の中で、大変困ったことがありました。

指定席に座って発車を待っていると、若い女の子3人のグループが現れ、私の一つ前の座席を、くるりと私のほうへ回転させて、座ろうとしました。何も声をかけず、座席を変えようとするので、私は怒りを感じました。私は静かにひとりで読書をしたかったので、なおさら腹が立ったのです。

「ひと言、断りなさい」と怒鳴って叱りたいほどでした。しかし、ここで大声を出してもうまくいかないだろうと思い、私は心の中で「怒りを手放します」と宣言しました。そして、「座席を回すのは少し待ってほしい」と伝えて、最良の方法を考えたのです。

そこで、私の隣りに座りかけた女の子に、「あなたが通路側、私が奥側に行きましょう。そうすればあなたがたも話しやすいでしょうし、私も本が読めます」と話したのです。その女の子は、返事もせずに、通路側に座りました。つられて前の女の子2人も、座席を回転させずにそのまま座りました。

そして彼女たちは「人の権利を奪ってまで、本を読みたいの?」などと、車両中に聞こえるような大声で騒ぎ始めたのです。

再び私は怒りを感じましたが、「怒りを手放して、心の安らかさ、静けさを選びます」と自分に言い聞かせました。彼女たちと争うのではなく、本に集中したいと思ったのです。

すると、彼女たちは私が無反応なので面白くないのか、だんだんと静かになりました。

このように、怒りなどのマイナスの感情は訓練次第で手放し、安らぎを積極的に選んでいくことができます。怒りを相手にぶつけても、お互いに嫌な感情を抱くだけです。

そこで、人に何かを伝える際には、相手の「人間観察」が非常に大切となります。

先の新幹線での出来事の場合は、「この女の子たちは大声でわめきたいほど、心が満ち足りていないのだな。でも誰かに認められたいのだな」と見抜いて、まずは相手の状況をうかがいます。そうすることで自分の気持ちを冷静に保ち、相手に接する態度を考えねばなりません。

いくつかのポイントを見てきましたが、人間関係の大原則は、「他人をうまく動かすことなんてできっこない」ということ。そもそも「自分自身を思い通りに動かす」ことでさえ、とても難しいことです。ましてや、他人を自分の思い通りになんてことは、かなり大それた望みといえるでしょう。

大切なのは、相手に歩み寄っていくという姿勢。そのためにも、人間観察は欠かせません。

大事なことを伝えたいときは、相手だけでなくあなたの機嫌も悪くない瞬間を見計らう。

「他人を自分の思い通りに動かすことなどできない」というのが人間関係の基本。

しかし、相手も自分も機嫌が悪くないときを待つだけで、円滑なやりとりができる可能性がぐっと高まる。

断りたいときは勇気を出す。クッション言葉の助けを借りて

遊びやお出かけ、食事など、「誘われる」ことは誰にでもあります。もし気の向かないお誘いの場合、あなたならどうしますか。

もちろん、あなたが同意しているのならいいのです。問題はあなたが「行きたくない」という場合です。「立場上、本心を隠しておつき合いする」ということもあるでしょう。

ですが、自分の心を犠牲にしてまで、相手の希望に沿おうとすることはありません。可能な範囲で、受け入れられる範囲でおつき合いすればいいのです。

やりたくないことをやったり、自分の感情を押し殺すことは、あとで必ずストレスになります。

相手の意思や言葉を受け入れることを心理学の用語で「受容」と言います。

「親切ないい人」と思われたかったり、嫌われたくなかったり、波風を立てたくない場合、人はえてして何でも受け入れてしまいがちです。ですが、「本心では受け入れていないのに、本心を偽って受容すること」は、よい結果を招きません。無理をして受容するよりは、キッパリと断ったほうがいいのです。

たとえば、リビングであなたがドラマを見ているとき。

「どうしても今、ニュース番組が見たいのだけれども、テレビのチャンネルを変えていい？」と家族に頼まれて、同意したとしましょう。

実際にドラマからニュースにテレビを切り替えられると「面白くない」「やはり、ドラマのほうを見たかった」と感じるかもしれません。すると、あなたの表情にも態度にも「不愉快」な気持ちが表れてしまうものなのです。

あなたの不機嫌な様子に気づいた家族は、テレビのチャンネルをドラマに戻してくれるかもしれません。しかし、口では「受容」の返事をしたのに、「非受容」な態度を示された相手は、矛盾したあなたに対して不信感を抱いてしまいます。

このように、矛盾した印象を相手に与えてしまうよりも、「非受容」のメッセージを明確に相手に伝えるほうが、相手を混乱させることもなく、無難であるといえるのです。

大事なことは、断るときは「はっきりと意思表示をすること」です。たとえば「今日は都合が悪いのですが、また今度」という期待を持たせた言い方をすると、何度もお誘いがきてしまいます。

何かを断りたいときは、勇気を出して「声に出す」ということがとにかく重要です。もしかすると、相手はあなたのことを「絶対に断らない人」だと思っているかもしれないからです。

「その日はあいにく先約がありまして」など、上手な断り方はいくらでも考えられるでしょう。時には、「頭が痛い」「家族の都合で」などと、自分以外の不可抗力で仕方なく断るというのがもっとも穏便です。

たとえば「私は行きたくないので行きません」と本音をさらすことによって、誰かトクをする人がいるでしょうか。結果的に双方が傷つくだけです。

断ることの効用を説くビジネス書はあります。これは日本人の「なかなか断り切れない」という民族性の表れでしょう。

日本人はよく言えば優しい、悪く言えば優柔不断なのかもしれません。

しかし、ストレスになるくらいなら、うまく断るべきです。ウソの口実を使わずに断ることも、私はトレーニング次第で上手になるものだと思っています。


断り方には、人としてのルールがあります。

私がお伝えしたいのは、まず「感謝の気持ち」を伝えるということ。相手をまず立てるのです。「誘ってくれた」という気持ちを受け止め、感謝した上で、自分の状態を伝えたいものです。

「残念ですが」「お誘いいただいてうれしいのですが」というフレーズをワンクッション入れるだけで、ぐんとソフトな言い方になります。


私の知り合いにドイツ人がいます。

彼らは常にキッパリとした意思表示をします。あるとき、私はドイツでの講演を頼まれたのですが、忙しいこともありお受けする気になれませんでした。

仲介してくれた日本人女性スタッフに「そのうちに、とお断りしてほしい」とお願いしたところ、彼女に「あなたは本当に、講演を引き受ける気があるのか」と聞かれてしまいました。

「ドイツ人には婉曲に断っても通じない。無駄な期待を持たせるくらいなら、本当のところをズバっと伝えたほうがいい」と言うのです。

最初は私も面食らいましたが、それからドイツの方と話すときには、なるべく合理的にコミュニケーションするよう心がけています。


日本人は、古くから婉曲な言葉遣いを駆使して、人の和を重んじてきました。それは世界に誇るべき伝統ですが、そのよさと、自分の感情を押し殺すということはまったく意味が違います。細やかな日本人ならではの上手な断り方を身につければ、もっとラクに生きられることでしょう。

断るときに欠かせないのは
相手への感謝の気持ち。

「断らないこと」は決して美徳ではない。
上手に断ることが、あなたも相手も幸せにする。

家族や大切な人にこそ「聖なるあきらめ」を

先に「聖なるあきらめ」についてお話ししました。「目標の5割も達成できていれば、それでよしとして感謝する」という行動の指針のことです。平たく言うと「完璧主義を目指さない」という姿勢です。

この姿勢がもっとも力を発揮するのは、実は人間関係においてなのです。

たとえば「結婚相手に対して不満のない人」というのは、世の中に存在するのでしょうか。多くの方は配偶者に何らかの不平や要望を抱いていることと思います。中には価値観や性格の違いに悩んでいる方もいることでしょう。

私はそんな相談も多く受けますが、必ず申し上げているのは「結婚相手と、ソリが完全に合わないのは当たり前」ということです。結婚の目的の一つは「違いを補い合って、大きな実りにつなげること」です。

なぜなら、相手とのさまざまな「違い」に気づいても、「聖なるあきらめ」をもって受け入れ、２人で成長し合うことが、結婚の意味だからです。

相手とぶつかったら、「私とこの人は違うのだな」と「聖なるあきらめ」で乗り切る。そのかわり、２人で意見や考え方がぴったり合ったときは「１人のときにはなしえなかった実り」と感謝して、相手と喜び合ってほしいと思います。


育児の渦中にいる方にも、この「聖なるあきらめ」は有益です。親は子どもを自分の「分身」であるかのように錯覚してはいないでしょうか。自分が満たすことができなかった欲求を、子どもに満たしてもらおうと、心のどこかで思ってはいませんか。かなえられなかった夢を、子どもに託してはいないでしょうか。

しかし、子どもは未来からの「預かりもの」であって、あなたの所有物ではありません。子どもに対して、過剰に期待をせず、衝突をした場合は「聖なるあきらめ」の姿勢で接する。これが子育てでもっとも大切なこと。

ただし、あきらめるだけでなく、子どもが成長をしていくために親として子どもを支え導いていくことは、もちろん忘れないようにしましょう。


親の介護とて同じことです。近年増えているのは、年老いた両親についての悩みです。そのケアをどうするのかで困っている方も多いようです。

ここではまず、解決策を少なくとも4通りは考えましょう。親の介護に限らず、どんな困難でも4通りの策は見つかります。これは昔からいわれていることです。介護でしたら、年老いた親を自分ひとりで面倒をみるのか、親族で分担してお世話をするのか、家庭訪問の介護士に助けてもらうのか、介護施設に預けるのか。これで4つです。

4通りのうちどの方法を選ぶのかは、状況によって変わります。ベストは尽くしてください。ただし、どうしても変わらないことについては、「聖なるあきらめ」を実践しましょう。実現不可能なことを願い続けたり、誰かに何かを期待しすぎることを防げるからです。

また、大切な人との死別のときも、「聖なるあきらめ」が心強い味方になってくれます。

こんな医師の話があります。

彼は自分の息子を医者にしたいと願い、その夢を息子に強いていました。しかし、息子は反発し、非行に走ったあげく、バイク事故で亡くなってしまったのです。医師の嘆きぶりは、大変なものでした。

しかし、いくら嘆いたところで、息子は決して生き返りはしません。医師はどこかで息子を失ったことをあきらめなければいけないのです。

「あきらめなければいけない」と悟ったときほど、残酷な時期はありません。しかし、この目覚めは救いであるともいえます。ようやく執着を手放すことができるからです。これが「聖なるあきらめ」です。

この医師は、息子の死をきっかけに、自分が「世間の目」をいかに気にしていたかということに気づくことができました。息子を通じて、社会的な地位や名誉、収入や財産といったものにこだわっていたのです。悲しみが癒えるわけではありませんが、この学びは医師にとってとても有意義なものでした。


自分の大切にしているものを手放したり、反対に、異なる意見を受け入れるということは、簡単にはできないように思えるかもしれません。でもやってみると、そんなに難しくないものです。

人間関係においても思い切って、「聖なるあきらめ」を取り入れてみてください。

「聖なるあきらめ」により、他人を柔軟に受け入れる姿勢がつくられる。

あなたの意見を通すことにこだわることをやめると、人間関係がふっとラクになる。

「聖なるあきらめ」とは、何かを投げ出したり、おざなりにすることではない。

他人を柔軟に受け入れるための姿勢である。

与えることで与えられ、許すことで許される

先にも登場した中世イタリアの聖人、聖フランシスコは、「野の花のように美しく咲きなさい、そして人々に愛を与えなさい」と説き、「平和の天使」と称されてきました。

もともと富豪の家に生まれ育ったフランシスコは、自分のものを貧しい人たちに与えることで、心の自由を得て、神に仕える道に入りました。

その生涯はイタリア・イギリス合作映画『ブラザー・サン シスター・ムーン』などに描かれ、現代に生きる多くの人をも感動させました。

ここでは、そんな彼による「平和の祈り」をご紹介したいと思います。多くの宗教家や政治家が演説の中で引用、唱和したことでも有名です。

たとえばインドの貧困地帯で献身的な奉仕活動を行ったマザー・テレサ。数々の平和行動を実践したヨハネ・パウロ2世。イギリス初の女性首相マーガレッ

ト・サッチャーなど、彼の祈りを愛した人々は、枚挙にいとまがありません。

『平和の祈り』聖フランシスコ

神よ、わたしをあなたの平和の使いにしてください。
憎しみのあるところに愛をもたらすことができますように、
いさかいのあるところに許しを、
分裂のあるところに一致を、
迷いのあるところに信仰を、
誤りのあるところに真理を、
絶望のあるところに希望を、
闇のあるところに光を、
悲しみのあるところに喜びを、もたらすことができますように、
助け、導いてください。
神よ、わたしに
慰められるよりも慰めることを、

理解されることよりも理解することを、
愛されることよりも愛することを、
望ませてください。
与えることによって与えられ、
すすんで許すことによって許され、
人のために死ねることによって永遠に生きることが、
できるからです。

（出典：『宗教は核時代に何ができるか』外村民彦／朝日選書）

知人のベテランの精神科医に「患者に『平和の祈り』を印刷した紙をさりげなく渡す」という人がいます。受け取った患者の多くは「こんな祈りを渡すなんて」とわめいたり、怒ったり、中には診察室のガラスを割った人もいたそうです。しかし精神科医の彼によると「反発の時期を一緒に過ごすと、この祈りをだんだんと受け入れるようになる」というのです。

重要なのは、患者にこの祈りを渡すタイミング。

心の病を治す過程で「この人は自分の限界を受け入れる力がついた」と彼が確信できたときが、頃合いなのだそうです。

私はこの話を聞いて、なるほど、と納得しました。「平和の祈り」を唱えることにより、「自分が」「私が」というエゴから解き放たれ、人とのつながりの中にようやく入っていくことができます。

人に何かを求めたり、望んだり、要求してばかりの状態は、病のように苦しい状態でしかないと思うのです。

他人に求めるのではなく、与える。
その姿勢こそが、目指したい生き方。

相手に期待をしすぎず、1ミリでも誰かのお役に立つように生きる。
これこそ、目指したい生き方。

三段論法のホメ方が関係の潤滑油になる

人をホメるのが苦手という人によく会います。

「ホメてはみたのだけれども、お世辞っぽく聞こえそうで」「なんだか恥ずかしい気がする」。そんなことが苦手な理由だそうです。

ですが、人間は「愛し、愛されたい」「よい人と思われたい」「役に立ちたい」という本能に従って生きています。自分をホメてくれた人には、当然好感を持つものですから、コミュニケーションを円滑にするために、この法則を利用しない手はありません。

人をホメるときには、コツがあります。「人柄」「特徴」ではなく、「行為」をホメることが大切です。

たとえば、「あなたは立派な方ですね」「賢いですね」というホメ方はなるべく控えたほうがいいでしょう。

なぜなら、人格に関する評価をした場合、「私はそんな人間ではないのに」などと、相手に拒まれてしまう可能性があるからです。
また、常に「完璧な自分」を見せなければいけない気持ちに、相手を追い込んでしまうかもしれません。

上手なホメ方とは、「〇〇してくれた」という「行為」に注目することです。行為だけを純粋にホメられると、相手は素直に言葉を受け止め、満足を感じ、よい記憶として心に残すことができます。

たとえば、お手伝いをしてくれた家族をホメたい場合。
「あなたが皿洗いを手伝ってくれると、私はとても助かってうれしい」
こう言うと相手の心の中に「なるほど、こうするとうれしいのか」という情報がインプットされ、じわじわと、その言葉は効き続けるようになります。

また、ホメる際には「三段論法」という話法も有効です。「事実・影響・感情」という3ステップで、伝えてみてください。

先の例でいえば次のようになります。
「あなたが皿洗いを手伝ってくれると」というのが「事実」。
「私はとても助かって」というのが「影響」。
「うれしい」というのが「感情」です。
最後の「感情」を言い添えるという法則は、ほかの局面でもとても役立ちます。

相手の装いをホメたいとき。「今日のネクタイは、とてもよくお似合いですね」などという言葉はよく聞かれます。

ですが、それではありきたりでしょう。そこに、あなたの「感情」をひと言つけ加えると、ホメ言葉を格段に強く、相手に響かせることができます。たとえば……。

「今日のネクタイは、とてもよくお似合いですね。見ているだけで、なんだか元気が出そうな色です」

どうでしょう。先ほどのホメ言葉よりも数倍強く、心に響く気がしませんか。

その理由は、あなたの感情を相手に伝えているからです。

自分の感情というのはごくごくプライベートなものですが、それを相手に開示することは、心理的な距離を格段に縮める効果があります。相手を好ましく思っていたり、信用していたり、より仲よくなりたいからこそ、感情を初めて相手に開示できるものだからです。


そして、心に留めておいていただきたいのは「お似合いですね」という言い方が、どんなに丁重に言ったとしても、実は「上から目線」の言葉である、ということです。

何かを「ホメる」という行為は、堅い言葉で言うと「評価・査定をする」ことであり、実は「高いところから相手を見下ろす」ということになってしまいます。ですから、せめてひと言、自分の感情も伝えることが重要なのです。そうすることで、相手には、評価しているだけには聞こえないからです。

つまり、素直な感想は、ホメるときのとっておきのスパイスになるのです。

他人をホメるだけでは、〃お世辞〃。
ひと言〃自分の気持ち〃まで添えること。

相手のプレッシャーにならないためにも、
「人格」ではなく「行為」をホメよう。
「事実・影響・感情」を順に伝えれば、
温かな気持ちまで伝えられる。

人の心にしみるのは、「ありがとう」の後のおまけのひと言

この本は、あなたがあなたのまま、たった「1ミリ」行動や心の持ち方を変えるだけで、幸せに近づくことを願って書いてきました。そのための練習を私は「1ミリエクササイズ」と名づけています。

「1ミリエクササイズ」にはさまざまなものがありますが、どれも、誰でも気軽にできるものです。たった一つのレッスンでも実践し続け、習慣化することができたら、あなたの人生は大きく変わることでしょう。

ここでは、「1ミリエクササイズ」の中でも、特に簡単なものをお伝えします。それは「お礼の気持ちは、大げさなくらいに感情を込めて、具体的に言葉にする」ということです。

日本人は欧米人に比べて、感情表現が控えめです。そして形式的に終わってしまうことが多いような気がします。たとえば職場で、取引先や部下に頼んでいた

仕事をやってもらったとき。「相手は、報酬（お給料）を受け取っているのだから、私が重ねてお礼など言う必要はない」。そんなふうに思ってはいませんか。

また、町内会やＰＴＡなどの役割分担で、ある任務を果たした人に対して。「あの人は、そういう役割（役職）なのだから、頑張って当たり前」などと、ドライな見方をしてはいませんか。

確かに「人がやるべきことをやるのは、当たり前のこと」かもしれませんが、それでもやってくれたことに対しては感謝の気持ちを、はっきりとわかるかたちで表しておきたいものです。

人間は「誰かに感謝されること」が大好きな生き物です。絶好のコミュニケーションの機会なのですから、どうせなら相手にうんと喜んでもらったほうが、あなたも気持ちよくはないでしょうか。

アメリカ人の知人に聞いた話ですが、彼が来日して講演をしたときのこと。終了後に多くの日本人の聴衆が「ありがとうございました」と彼にお礼を言いにきたそうです。

でも「具体的な感想は何ひとつもらえなくて、驚いた」と気落ちしていました。話のどこが面白かったのか、どのように心に響いたのか、どんな感想を抱いたのか。アメリカ人なら、必ず「自分のことば」で具体的に語ってくれるのだそうです。


日本人の多くは、儀礼として「自分の感想より何より、とりあえずきちんとお礼を言わなければ」という姿勢があるのかもしれません。そのマナー意識の高さは、世界に誇れる素晴らしいことです。

でもあなたが逆の立場ならどうですか。講演を聞いてくれた人から、できれば具体的に詳しい感想を聞いてみたいと思いませんか。社交辞令としての「ありがとう」だけでは、なんだか物足りないことでしょう。

「自分の感じたことを素直に、具体的に相手に伝えるなんて恥ずかしい」という気持ちが先に立つかもしれません。

ですが、その気持ちのハードルは頑張って乗り越えなければなりません。

恥ずかしさを感じにくくするためには、「小さいこと」から伝えるのがおすすめです。

たとえば仕事をしてくれた部下に対して「ありがとう。間に合って助かったよ」。いただきものを受け取ったら「ありがとう。このお菓子、大好きなの」。「ありがとう」の直後の「おまけのようなひと言」こそ、人の心にしみるのです。

具体的なひと言を言い添えるのに、ほんの数秒しかかかりません。こんな「おまけの1ミリメッセージ」が飛びかう関係をいろんな人と築いてゆけたら、なんと素敵なことでしょうか。

私は、ある女性からこんな電話を受けたことがあります。

「わけあって、昨日自殺を試みようとしました。用意していた薬を飲もうとしたその瞬間、インターホンが鳴り、宅配便が届きました。親しい友人からの、ビスケットの贈り物でした。そこにはカードがついており、こう書かれていました。『あなたはこの頃、疲れているように見えます。2人で一緒に食べていたビスケットを贈ります。ゆっくりお茶でも飲んでください』。私は、何も考えずにお茶を入れて、ビスケットを食べたのです。おかげで、今も生きています」
たった1ミリのメッセージが、誰かの生きる力になることもあるのです。

「ありがとう」だけでは社交辞令。率直な気持ちを、ひと言添えてみる。

「ありがとう」のあとに、
ほんのひと言添えるだけで、心の交流が始まる。
これが「おまけの1ミリメッセージ」。
短くてもいいので、自分の素直な気持ちを伝えよう。

「心の掃除」のお手伝いをして、幸福を交換する

両親、親せき、先輩や恩師……。あなたの周りに、社会での活躍を終えて「引退」した世代や、病とともにある人はいませんか。

そういう人の中には、寂しかったり気弱になったりしていて、慰めを得たい、退屈をまぎらわしたいと思っている人がいるはずです。

そこで、「心の掃除」をお手伝いするつもりで、話しかけてあげてください。たったひと声かけるだけでよいのです。私はこれを「1ミリの優しさ」と呼んでいます。

聖書には「人が独りでいるのはよくない」（創世記 2章18節）という言葉もあります。

また、孤独というものは、人の免疫力をあっという間に弱めてしまいます。

かつての阪神・淡路大震災後、避難所で生活を送る高齢者たちには、はっきり

とした違いがありました。

たとえ被害の程度が浅くても、面会者がない高齢者は、多くの面会者が訪れる高齢者よりも、病気にかかりやすかったり、沈んだ表情でいることが多かったそうです。孤独にならないことこそ、心と体を健やかに保つコツなのです。

さりげなくてもいいので、周囲の年長者には温かく優しい言葉をかけたいものです。「最近、調子はどう？」という簡単な言葉で十分なのですから。


誤解している人が多いのですが、「弱っている人が喜ぶ言葉」というのは、「大変だね、どこが痛むんだい？」などと医者の問診のような言葉ではありません。会話はなかなか弾まないものですし、気が晴れることもありませんから。


昔話をするのは、とてもよいことです。たとえばあなたの両親に言葉をかける場合。

「お母さんのあのおかずは、おいしかった」「私が子どもの頃、お父さんは、よく公園に連れていってくれた」という具合です。

年長者には、自分が元気だった昔の話を好む人が多くいます。手柄話、自慢話、武勇伝など「過去の栄光」を思い出してもらい、いい気分になってもらうのも、相手の心の掃除の手助けになるはずです。

でも、人間というものは長時間話しているうちに、遠慮もなくなり、話し相手のありがたみも薄れ、つべこべと言いたくなってくるものです。

「なんだか会話がグチっぽくなってきたな」と感じたら、相手の話に同意しながら、こちらはのめり込まず、反論しないようにしましょう。

「この人は心のお掃除をしているのだ」と思って、言わせてあげます。

相手の話を受け流すにはコツがあります。どんなグチも「掃除機が吸い取ってくれている」と思えば聞き流せるものです。

相手の言葉をさえぎったり、反論をするのは「掃除のじゃま」になってしまいます。

大切な人となかなか会えないときは、はがきを出してみるのも手です。若い世代ははがきよりも、スマホのメッセージのほうが多いでしょうが、受け取った人の手元に残るはがきはとてもいいものです。

はがきは面倒と感じる人もいるかもしれませんが、そんなことはありません。大きく2行書くだけで大丈夫です。

たとえば「お母さん、元気ですか。私は元気です」という感じに。もしくは、この先に楽しみを感じてもらえるような明るい言葉を贈りたいものです。言霊には、計り知れない力がありますから。

こんな文章でもいいでしょう。

「町でどら焼きを売っていました。今度、一緒に食べようね」

あなたにとっては、はがきを買うところからポストに入れるまで、ものの5分もかからないことでしょうが、相手にとっては、一生の宝物になるかもしれません。そのとき、あなたの「1ミリの優しさ」が、誰かの無限大の幸福となるのです。

あなたにとっては
たった5分の手間でも、
相手にとっては
一生心に残る贈り物になる。

ひと言でもいいので、あなたの大切な人に温かい言葉をかけよう。
遠く離れているのなら、はがきを出そう。
たった1ミリの優しさが、
相手にとって無限大の喜びとなるはずだから。

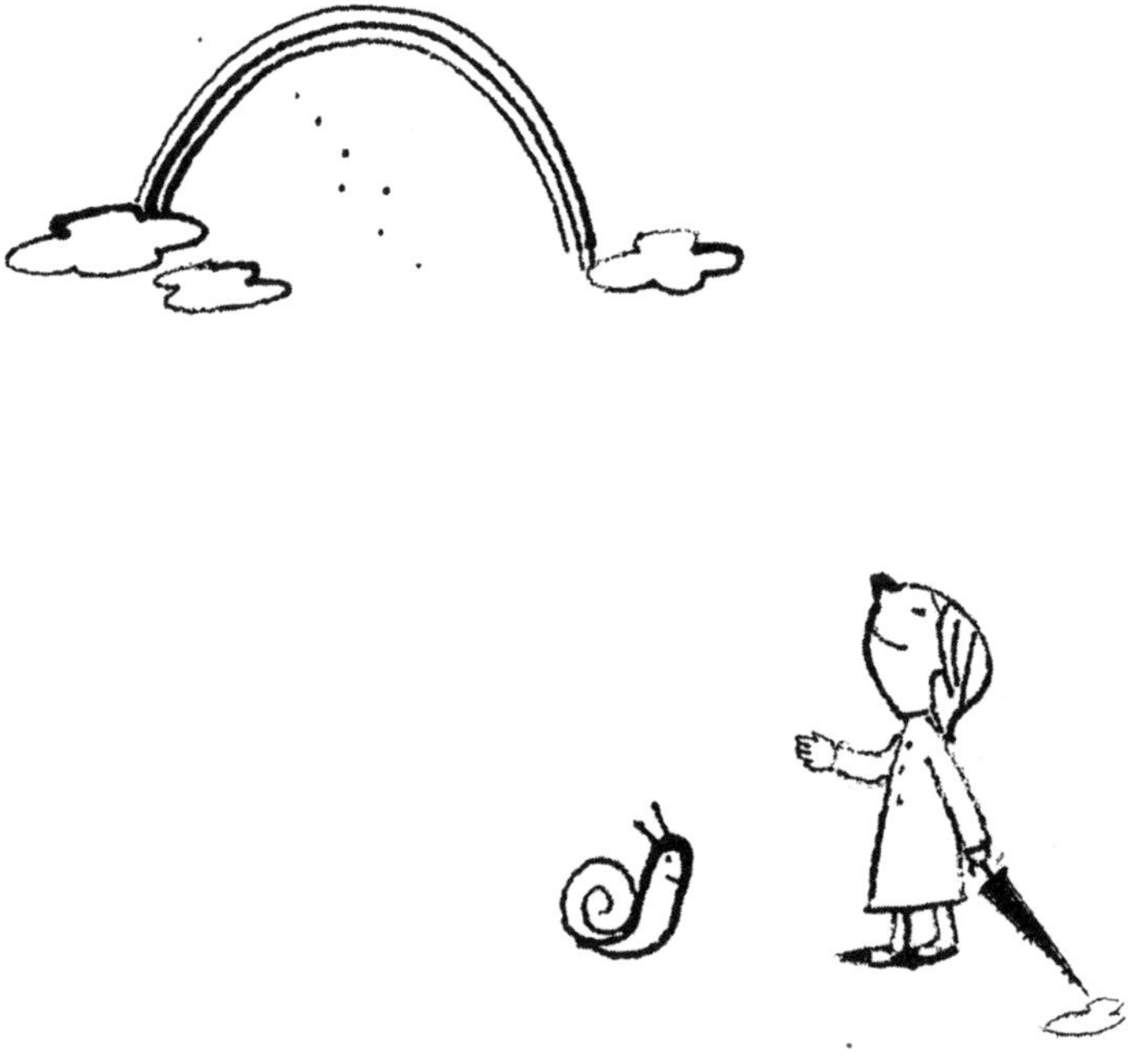

著者プロフィール

鈴木秀子（すずき・ひでこ）

東京大学人文科学研究科博士課程修了。文学博士。フランス、イタリアに留学。スタンフォード大学で教鞭をとる。

聖心女子大学教授（日本近代文学）を経て、国際コミュニオン学会名誉会長。聖心女子大学キリスト教文化研究所研究員・聖心会会員。

日本にはじめてエニアグラムを紹介。全国および海外からの招聘、要望に応えて、「人生の意味」を聴衆とともに考える講演会、ワークショップで、さまざまな指導に当たっている。

著書の『9つの性格 エニアグラムで見つかる「本当の自分」と最良の人間関係』は44万部を突破し、発売当時に大きなニュースとなった。

著書はほかにも多数あり、『死にゆく者からの言葉』（文藝春秋）、『臨死体験　生命の響き』（大和書房）、『あなたの心が光でいっぱいになる本』（青春出版社）など。ベストセラー入りしたものも多数ある。

ゆっくり変わる

発行日　2024年7月16日　第1刷

著者　鈴木秀子

本書プロジェクトチーム
編集統括　柿内尚文
編集担当　小林英史
デザイン　轡田昭彦＋坪井朋子
編集協力　山守麻衣、深谷恵美
イラスト　谷山彩子
校正　植嶋朝子

営業統括　丸山敏生
営業推進　増尾友裕、綱脇愛、桐山敦子、相澤いづみ、寺内未来子
販売促進　池田孝一郎、石井耕平、熊切絵理、菊山清佳、山口瑞穂、吉村寿美子、矢橋寛子、遠藤真知子、森田真紀、氏家和佳子
プロモーション　山田美恵
講演・マネジメント事業　斎藤和佳、志水公美

編集　栗田亘、村上芳子、大住兼正、菊地貴広、山田吉之、大西志帆、福田麻衣
メディア開発　池田剛、中山景、中村悟志、長野太介、入江翔子
管理部　早坂裕子、生越こずえ、本間美咲
発行人　坂下毅

発行所　株式会社アスコム

〒105-0003
東京都港区西新橋2-23-1　3東洋海事ビル
編集局　TEL：03-5425-6627
営業局　TEL：03-5425-6626　FAX：03-5425-6770

印刷・製本　日経印刷株式会社

Printed in Japan ISBN 978-4-7762-1358-1

本書は2013年8月に弊社より刊行された『あなたは、あなたのままでいてください。』を改題し、加筆修正したものです。